U0807222

快读慢活

陪 伴 女 性 终 身 成 长

Girl on Fire

ALLES ÜBER
DIE “FABELHAFTE” PUBERTÄT

闪耀如你

［德］希拉·德利兹 —— 著
段倩雯 —— 译

科学技术文献出版社
SCIENTIFIC AND TECHNICAL DOCUMENTATION PRESS
·北京·

图书在版编目（CIP）数据

闪耀如你 /（德）希拉·德利兹著；段倩雯译.
北京：科学技术文献出版社，2025. 1（2025. 7 重印）.
ISBN 978-7-5235-2176-2
Ⅰ. G479
中国国家版本馆 CIP 数据核字第 202413A41Z 号

著作权合同登记号 图字：01-2024-3435

闪耀如你

责任编辑：韩晓菲　刘萌　　责任校对：张永霞　　责任出版：张志平

出 版 者　科学技术文献出版社
地　　址　北京市复兴路15号　邮编 100038
编 务 部　（010）58882938，58882087（传真）
发 行 部　（010）58882868，58882874（传真）
邮 购 部　（010）58882938
官方网址　www.stdp.com.cn
发 行 者　科学技术文献出版社发行　全国各地新华书店经销
印 刷 者　天津联城印刷有限公司
版　　次　2025年1月第1版　2025年7月第2次印刷
开　　本　880×1230　1/32
字　　数　138千
印　　张　8
书　　号　ISBN 978-7-5235-2176-2
定　　价　65.00元

推荐序

亲爱的读者朋友们：

妈妈和女儿之间的关系对于我们女性来说是最重要、也是最有影响力的一段关系。母女关系一直都很复杂，而青春期常常会让这种关系面临特殊的挑战，因为此刻的女孩们开始逐渐意识到自己是一名年轻女性了。

除此之外，今天的我们还要面对新技术和新媒体带来的变化与影响。与我们那时所经历的青春期相比，现在很多事情都发生了变化。但我们还总是依赖于从自己父母那里学到的旧方法，这些方法在今天可能已经很难奏效。母女往往都想给彼此最好的，但有时却找不到正确的方法。

正因如此，这本书才如此重要。希拉以一种能让人产生共鸣的、迷人而又幽默的方式向我们展示了复杂的生物和科学知识。这些必需的知识，让我们能够以安全和健康的方式来应对这段变化巨大的青春期，这样妈妈和女儿之间才能更好地相互理解、相互支持。

最后，请允许我献上最美好的祝福！

国际超模　克劳迪娅·希弗

自序

亲爱的妈妈们，欢迎来到女孩的世界

身为妈妈，有谁曾对女儿的青春期有些许期待，并且觉得自己已经为此做好了准备？如果你的回答是“是”，那么请你举起手来。然而，等你亲自参与其中，就会发现一切都与你预想的不一样。

告诉你一个或许能让你安心的事实：我的手也举起来了。人们或许会想，作为一名妇科医生，又是一个女孩的妈妈，我一定做好了最充足的准备。

诚然，我的确曾经想象过（我相信不止我一个人想过）陪伴我的女儿平稳地度过青春期，并且义无反顾地支持她走向成为真正女性的第一步。当然，我也曾听说过青春期的女孩可能会制造一些麻烦和问题。但我也曾是青少年中的一员，我感受过与妈妈之间的那种巨大的代沟，遇到问题时的那种无人理解的孤独感和无助感，这些在我和我的女儿之间都不会存在。我理所应当地认为我和我的女儿之间的联系是足够强大的，足以让我们扛过青春期那些大风暴和小危机。

结果——我完全搞错了。

我为庆祝她的初潮所想出的“女生日”活动，包括购物和美发，她只是心不甘情不愿地拖着脚步去做。我带她去观看男孩乐队的演唱会，她虽然觉得很棒，但这依旧不能缓解她深深的悲伤——看着后期处理过的照片里的“理想”自己，她始终觉得自己现实的腿不是太瘦就是太胖。我无法用语言去平息她对世界、对我的愤怒，更加无法以自己也曾经历过 14 岁这个事实而尝试跨越我们之间的鸿沟。果不其然，我听到了那句经典的话，那句我相信大部分人在某个时刻都对自己的妈妈说过或者在内心默念过的话——“你从来没有年轻过！”

但是你们知道吗？她说的不无道理。我们虽然经历过青春期，也许偷偷尝过酒精的味道，或者躲在阿姨家花园后面的小屋里点燃过一根香烟，但今非昔比，和她们相比，我们的确未曾年轻过！

除了身体上的影响，比如变化的身体、波动的激素水平，以及可塑性极强的大脑，如今青春期的女孩还受到精神层面的影响。由此带来的压力更是前所未有。通过照片墙（Instagram）、脸书（Facebook）、短视频社交平台（Tiktok）或者某个新的社交媒体，我们的女孩不仅在外在形象上受到影响，还要不断接受各种信息轰炸，各种各样鱼龙混杂的信息在告诉她们“应该”成为什么样的人，这些泛滥的信息并没有帮助她们找到属于自己的身份，反而让她们不知所措。她们所面对的世界，在我们当时的认知里甚至是不存在的，或者说是片面的。打个比方，当我们还只能通过浇灌园地的橡胶水管来汲取养分时，她们却要尝试通过灭火水枪来解决她们对知识的渴望。

在性教育方面，我们并没有真正向前迈出实质性的一步。德国的中小学几乎完全拒绝对孩子进行性启蒙方面的教育。这并不令人意外。大部分的学校在这方面的教育资金投入得太少，甚至很多教师自己都没有掌握必要的相关知识。

一方面，这种社会现状导致真正的性教育始终没有步入正轨；而另一方面，在如今的新媒体上，孩子很轻松地就能获得各种“答案”。这两方面的因素导致被虚假信息误导的青少年数量激增。与之前某一代的人不同，现在的孩子很容易就能接触到色情信息。尽管我们不愿意这样的事情发生，尽管我们试图去阻止，但是如果总相信我们能控制一切，那真是太天真了。

如今，网络和媒体的发展让我们能够轻而易举地获取各种信息，但恰恰是在这个被网络和智能手机主宰的时代，虚假的东西正以惊人的速度在全世界传播。我和我的同事沃尔克每天在短视频社交平台（Tiktok）上被提问的成百上千个奇怪的问题，就能证实这个情况。

一开始，我们创建短视频社交平台（Tiktok）账号只是进行尝试或者说是试验，但很快它的必要性就被证实了。当我们给正在困境中的年轻人写信时，我们的内心总是很难过，因为他们压根不知道自己的不知所措源自哪里。我和沃尔克得到的回报不仅仅是我们作为非传统医生可以在一个新媒体平台上传播知识、抒发感情，庆祝我们的不守旧，更多的是我们能够真正地帮助到别人，甚至能经常看到孩子们对我们散发好意的评论——在这儿学到的比在学校学到的多。

处于青春期的女孩确实是让人头痛的、叛逆的、脆弱的，但同时也是有趣的、勇敢的、强大的。她们在这样一个让人更早形成想法，同时追求商业利益的世界里是先锋。她们需要通过父母、媒体、外面的世界长见识，就像电影《绿野仙踪》里的多萝西一样，当帷幕在臆想的、强大的魔法师那里被拉开时，她才发觉在那后面是一个矮小的人，他通过诡计、声响和烟雾伪造了他的影响力。然后女孩们就踏上了通往成年的重要一步。她们意识到，她们必须成为自己生命的责任人，她们坚定的想法是受欢迎的，网络里的各种运动，以及关于一个人应该是什么样的设想都是一些“流行趋势”，而这些趋势背后往往都有其他动机，却没有将她们最大的利益放在心上。除了这些来自网络的压力外，还有越来越多来自学校的压力，以及一个让人深感沉重的问题——长大之后她们究竟想干什么。

我想向今天的这些女孩脱帽致敬！你们将在未来一段相对较短的时间内经受身体和情绪层面上的强烈变化。借助这本书，我不仅想陪伴女孩们踏上这段惊心动魄的航海之旅，从童年这个海岸跨过青春期这片大海，到达成年生活的港口，也希望能在这个“动荡”的时期给妈妈们提供支持。本书的内容不仅能让妈妈们不再惊慌失措、大乱阵脚，理解自己的女儿正在经历的成长阶段，还能让妈妈钦佩女孩们在自己的成年之旅中所做的一切。她们值得被看见，她们的情绪值得被认真对待。

如果你的女儿想要了解关于青春期的一切，那就直接把这本书递给她，接下来的部分是写给她的。

向所有女孩大声呼喊

这本书不仅仅为你的妈妈而写，实际上也是为你而写。我衷心希望你和你的朋友们在接下来的几年里，在这个疯狂又有趣的世界里，能够一切顺利。因为这段旅程并不会一帆风顺，你们会遇到足够多糟糕的事情。

我想让你知道，我会作为拉拉队的队长，一直在你身边，也一直在你的朋友身边。我为你们所有人写下这本书——在我的诊所里向我吐露心事的人，晚上和我的女儿一起坐在厨房里与我聊天的人，以及我社交媒体上宝贵的粉丝们，感谢你们通过各种途径让我进入了你们的世界。

你们是美丽的、完美的，你们的大脑是疯狂的，你们就是你们，永远不要被他人定义、被他人说服。你们不是牺牲品，更不是弱势性别。绝不要掩盖你们的光芒，不要在意别人说你们太情绪化、太激烈、太夸张。在我眼里，你们就是光芒万丈、魅力四射的。

亲爱的女孩，就从此刻开始，尽情闪耀吧！

本书使用指南

我在写这本书的时候一直在思考一个问题——我能否成功地，或者说可不可能把有关青春期的所有问题都在一本书里写清楚？

在本书的一些章节中，我会谈到关于人体结构（解剖学）和月经周期的基本知识，在其他章节中会谈及青春期无法回避的其他核心内容，即受到社交媒体影响的女孩需要面临的新挑战。尝试这件事情有意义吗？我得出了结论——这件事不仅有意义，而且很有必要。我希望所有拥有女儿的妈妈都能明白，年轻女孩不仅需要了解自己的身体、月经等生理知识，等她到了 18 岁，也需要对性和避孕药等敏感话题有所了解，以便更好地保护自己……新问题会随着时间飞逝层出不穷，逃避现实并不能解决任何问题，如何正确引导女儿才是每个妈妈需要思考的。

每一章的开始都会有非常详细的知识讲解，妈妈可以和女儿一起阅读这部分内容（你可能会感到抗拒，因为这多少会让人有点尴尬）。接着是问题部分，这些问题是我的女儿弗里达在生活中经常被问及的。在一天结束时，女孩们（我们自己有时也会这样）常常会不安地问自己：我这样正常吗？考虑到这一点，本书会有单独的一部分来解释这些情况，并给予更为专业的意见和帮助。最后一部分是单独写给妈妈的，也就是我给妈妈们的建议，便于你们更好地理解你们的女儿，这样才能更好地为她们提供支持。

从第 1 章到第 5 章我们会讨论激素、个人卫生、经期等基本知识，这部分内容可能更适合年龄较小的青少年，也可以用来温故已学的知识。如果你的女儿已经成年，或者没有这方面的疑惑，可以直接略过。

其实，孩子们所经历的青春期也给我们成年人提供了一个完美机会，让我们得以重新审视自己在面对某些特定话题时的想法，我们可以批判性地去思考所有的一切并问问自己：这样做是否还合时宜？它是否已成为一个过时的观点？我自己是否也觉得一些话题会让人尴尬或者很难去谈论？为什么会是这样的？为了促进和孩子的交流，我是否要抛弃一些想法？

除此之外，不要一不做二不休地就拉着女儿开“座谈会”。因为这种情况下，女儿很可能会感受到压力，并且想尽可能快地结束谈话。比较好的做法是，重复地展开一些小型对话或者根据她与你的聊天内容给出及时的反馈。另外，根据我的经验来看，谈话的最佳地点是车里。因为在车里你们不用面对面，而且双方都知道这个谈话是短暂的，只要到了目的地就能解脱。

那如何处理一些棘手的问题呢？因为大部分青春期的女孩都极其敏感，所以当她来询问你时，答案简单、能直接用是很重要的。不要带着目的性问东问西，因为她们会猜测问题背后是否有其他意图。最好是带着真正的好奇心去问，只有当你真正感兴趣时，才能进入女孩的世界，稳定地引导她们，并在她们经历青春期的快乐和烦恼时也能将这种稳定保持下去。关于这个话题的更多内容，你可以在第 6 章的“妈妈密语”里找到。

青春期也能愉快、平静无事地度过。我听说过这样的情况，但是我认为这些只是个例。我的实践和经验告诉我的是另一个事实，这在第 6 章到第 8 章里都有涉及。本书的这一部分内容是为那些焦虑、绝望的妈妈而写，他们原本希望自己的女儿能够不经历任何危机、平静无事地度过青春期，结果却只能无助地面临一些看似无法解决的问题。我太懂了！这本书的内容包含了青春期的所有阶段，也包含你所害怕的阶段。另外，它揭示了这一代人面临的新的不安，以及作为女孩的家长即将面对什么。

等你认为你的女儿到了合适的年龄，可以把第 6 章到第 8

章的内容给她们看，你也不要太过担心，不要总觉得她们还太小，多些信任总比不信任好。如果你总是觉得她们太天真或太幼稚，她们也就无法轻易信任你。

是的，这并不是一本童话书，妈妈其实很难做到温柔地陪伴女儿走过青春期，并绝口不提那些会让人不舒服的话题。我看到的太多了，也经历了很多类似的情况。因此，这是一本充满真诚的书。我以未加粉饰的、坦率的方式，用简明清晰的文字解释我经历了什么，以及我能为你做什么。女孩的青春期太重要了！我们可以通过做对的事情而避免不必要的痛苦。

没有人能知晓一切问题的答案。但是我将我作为妇科医生和活跃在新媒体的性启蒙医生的经验，以及我在我女儿青春期那段艰难的时光里所学到的东西，都写在了这本书里。我将陪伴你们度过这段激动人心的时光。我是你们的领路人，陪伴你们在这崎岖不平的征途中经历高山与低谷。最后，我希望能够引导你和你的女儿见证光明!

目录

CONTENTS

第1章 青春期太棒了

第2章 身体护理

第3章　关于月经的一切

第4章　关于乳房和你的第一个胸罩

第5章 准备好去看妇科

第6章 魔法、情绪和心理健康

第7章 关于性和你的身体

第8章 关于避孕

第1章

青春期太棒了

如今在德国中学的性教育课上能学到什么呢？老师们会给你讲有关月经的生理知识，男孩子们或许会被示范如何将避孕套套在一根香蕉上。但是，没有人会谈论真正的性。

对于你真正感兴趣的问题，你通常不会得到答案，你知道这是为什么吗？我现在要把成年人世界的小秘密告诉你，那就是：老师们通常自己都没有答案，因为他们也没有学过这方面的知识，所以学校在这个课题上没什么兴趣，课程上也无法教授实质性的知识。

我就是在这种情况下参与进来的。我叫希拉·德利兹，是一名医学博士兼妇科医生，或许你已经从社交媒体上认识我了，在短视频社交平台（Tiktok）里，我和我的同事沃尔克一起围绕性和身体等话题拍摄科普视频。沃尔克作为泌尿科医生、男科医生，他主要谈论针对男孩的话题，而我主要讲述那些让女孩和成年女性忧虑和困扰的事情。

我为什么要做这件事？理由很简单。第一，这是我的工作。

我是专业的妇科医生，在女性生理问题上也算得上是专家。第二，你的身体既不复杂也不难以应对，更不会令人毛骨悚然。只要你了解一些基础知识，就很容易了解自己的身体。如果你理解了这本书的内容，你不仅能学会了解你的身体，还会觉得它真的很棒。

我可以证明，你的身体非常聪明，它简直是一个传奇。

如果你一开始并不相信我，那也没问题。我知道，如果你在游泳时突然来了月经，那么你很难会觉得自己的身体结构很棒。或者当身体各处开始长出黑色的毛发，甚至连上嘴唇和臀部上都有，这会让人备感烦躁。如果你在四年级的时候胸部就开始发育，并突然被班上的同学区别看待，这也会是一件很难处理的事情。如果一直被迫面对漂亮女孩的照片——她们有着明亮的棕色的眼睛，完美的头发，她们看起来总是像从化妆品广告里走出来的一样，这可能同样会让人感到万分痛苦。尽管如此，我还是会说，你就是最棒的，身体上的舒适度才是最重要的，以及理解身体在什么时候、以什么样的方式、发生了什么样的变化也是很重要的。认识我的人都知道我是有话直说的性格，我只乐意说实话，因此，在这本书里，你会学到更多在学校难以学到的东西。

另外，小小剧透一下：这本书里写的一些东西可能会让你的妈妈感到尴尬。有的时候你或许不知道应该如何与他们谈论一些事情，而这本书每章的最后一部分都是写给你们的妈妈看的。我尝试着给他们阐明一些事实，这样就免去了你们还要自己去解释的麻烦。

我们每个人发育的速度不同，有些人的青春期会较早出现，有些人在14岁的时候就会明显感觉到自己比别人更成熟。也许你的胸部已经开始发育，也许你已经来了初潮，或者你早就了解了你的青春期，又或许这一切对你来说还为时过早——每个女孩的发育情况都不尽相同。就像手机应用程序一样，我们的大脑和身体里的各个部分也在不断地更新迭代，这个更新过程我们既无法加速，也不能阻拦。这本书的有些内容对你来说可能是非常基础的，你早就知道了。如果有些知识在你看来非常浅显，甚至让你觉得很幼稚，那就跳过吧，不过你也可以看一看，或许你的妹妹需要了解这些知识。毕竟每个人都有自己的青春期。

摆脱羞耻感，从了解正确的名字开始

我们先从生殖器的名字开始吧。你怎么称呼你的生殖器？下面？那里？私处？许多人非常正式地把它称作“阴道”。其实，这些称呼都是错误的。你在外面能够看到的部分叫外阴，它是除了它的好朋友——阴道之外的另一个非常酷的器官，它有着自己的超级力量。

阴阜，它是一个柔软的脂肪垫，上面长有阴毛，它和最上面的阴蒂都是外阴的一部分。阴蒂是性快感的中心，对于外阴来说它是一个“狂欢地带”，作为人体结构上的双胞胎，它与男性的阴茎相对应。

不要觉得谈论这些名字很羞耻！不知道为什么，一提到与生殖器相关的词，人们总会不自觉地将它们与羞耻和尴尬联系起来。因此，人们很少谈论它们，但这些词语其实是很重要的，你不应该为你完美的生殖器感到羞耻。

我们接着解释这些名字。在外阴两侧有一对柔软的隆起的皮肤皱襞，上面长有阴毛，它们就是外阴唇，在内侧有一对敏感的黏膜皱襞，叫内阴唇。外阴唇经常又被叫作大阴唇，而内阴唇通常被叫作小阴唇，但是这样的叫法其实并不准确，因为通常内阴唇要比外阴唇长一些。阴唇的作用是保护你的生殖器。

在阴蒂的下面可以看到一个极小的洞，那是尿道，尿液就是从那里出来的。你的下面有两个洞，如果把肛门也算上的话，那就有三个。

如果你如大侦探福尔摩斯一般拿起一个放大镜来仔细观

察，你会发现尿道旁边有一些细孔，那些是斯基恩氏腺的开口。可以说它就如同男性的前列腺，在性爱时它有时可以分泌出一种液体。

在由外到内的通道里你会看到阴道瓣，也叫处女膜（为什么这个名字完全不准确、听起来让人排斥，我们会在第 7 章学习到）。在阴道入口的左侧和右侧是前庭大腺的开口，肉眼是不可见的，但它却会发炎。

从阴道口往里到子宫颈的部分叫作阴道。是的，你从外面根本看不到阴道。如果有人说她给她的阴道打了蜡，这是错误的，因为这根本不可能。阴道只是卫生棉条进入的一条管道，是阴道的入口一直到子宫开始的位置（关于这部分内容，后文会有详细介绍）。你的阴道不是无止境的，在放松的状态下它有 5 ～ 10 cm 长。这里每个月都要经历一次“流血事件”，长达几天；婴儿出生时会从这里通过；每天它都会成功地对抗来自全宇宙的各种细菌。如果把阴道比喻成一个超级英雄，那它就是神奇女侠，而且它比男性的睾丸要英勇得多，睾丸非常敏感，遇到一点儿冷气就会害怕地缩起来。另外，我有一个小建议，那就是自己认真看一看这个部位，因为眼见为实！

如果你愿意的话，可以拿一个带柄的小镜子，仔细观察一下自己的外阴。我知道，它是超级褶皱的，但是它不一定一直是这种状态。要想了解这位超级女英雄，首先你得知道它长什么样子。

探索之旅

选一个你能安安静静、拥有私人领域的时间，不要选择上学的早晨或你的弟弟和他吵闹的朋友在房子里追逐玩闹的时候。如果条件允许的话，最好在暂时不会有人来打扰的房间里，比如浴室或者你自己的卧室。舒服地坐下来，保证光线充足，拿一个带柄的小镜子，好好观察一下吧。勇敢一些！你或许是第一次看到你的尿道（当你小便的时候，尿液就是从那里出来的），或许你也是第一次发现你的阴蒂。你所看到的一切都是很正常且令人惊叹的。这一切都是真实的。你的小阴唇一点儿都不小，而且比大阴唇还要大？很棒，很多人都这样。一片阴唇比另外一片大？没问题，大多数人也这样。

还有一个小任务给你：至少找到一个关于你外阴很棒的地方——光滑的纹理或者是可爱的阴唇，一种漂亮的颜色或者是一种令人喜爱的形状。

下一次，当你再观察的时候，首先寻找你喜欢的地方。无论如何都要好好对待你的外阴，用美好的语言来形容它。如果你信任它的话，它将成为你忠诚的朋友。

你的外阴将陪伴你一生。你要觉得它很棒，即使第一次看到它时，你可能感到困惑。

从解剖学的角度来看，它是复杂的，有着如此多的部分。为什么它呈现出棕褐色，有的部位又是粉色的，甚至是淡紫色的？（是的，这种情况也是存在的）你必须要知道的一件事是：外阴就像人的鼻子、手或者脚一样，有着不同的形状。有些人的内阴唇非常小，而有些人的可能就长一些，而且一般来说，左侧的内阴唇比右侧的要长。还有一种情况也可能发生，那就是你阴唇的生长速度不同，一片阴唇先成长了，另一片却没有。在青春期，一切都会发生变化，我们的生殖器没有标准的外形，没有哪一种外阴的形状比另外一种更正常或者更标准。不仅外阴在变化，一切都在慢慢地发生变化。

青春期星球——你身体里的新特征

让我们从这些事实开始了解自己的身体都发生了哪些变化——在哪儿、什么时候、发生了什么事情、如何发生的。不少家长认为，孩子要到十二三岁才会进入青春期，但实际上很多小女孩更早就出现了让她们感到不安的变化。有些女孩可能9岁胸部就发育了，或者长出了阴毛。这并不是开玩笑，这也并不代表她们哪里不正常或者早熟。这样的情况通常和基因遗传有关系，也就是说，人种、基因等因素会决定你发育得更早还是更晚一些，这些都是再正常不过的事情。

发育的顺序一般是这样的：

八九岁开始，你可能会长出阴毛或你的胸部开始发育。

到了十一二岁，你的内裤上会开始出现白色或者黄色的分泌物（内裤上的分泌物是什么，我之后会解释）。

出现分泌物大概一年至一年半之后，你会迎来月经初潮。这也可能在 10 岁就发生，或者到 15 岁才发生。

除此之外，身体的其他部位也会长出毛发。不仅是阴毛，腿上、胳膊上也会出现更多的体毛，还有腋毛。

逐渐出现的新特征

· 你长高了，体重有所增加。

· 你的臀部变宽了，显得臀部变大了。

· 你长出了胸部。

· 你乳头的颜色变深了。

· 你的嗓音变得有些低沉，失去了童音。

· 外阴上长出了毛发。

· 身体各处长出了体毛（胳膊、腿、上嘴唇、臀部、腋下）。

· 你的内生殖器也开始发育。

· 你的外阴和阴唇在发育。

- 你的阴道分泌出白色的分泌物（也叫白带），你能在内裤上看到它。
- 你的卵巢开始准备排卵。
- 你迎来了第一次月经。
- 你的头发和皮肤变得更有光泽。
- 你的脸上出现更多的黑头、痤疮，背上和胸上也一样。
- 你出的汗变多了，并且有汗味。

除了你能看到的东西之外，还有很多你看不到的东西也在发生变化。在肚脐下面的部位，它的正式名称叫作下腹部，有一套很酷的器官。下腹部里没有什么神秘的东西，更没有什么令人害怕的东西，在这儿的是内部的女性生殖器，也就是内生殖器。让我们来简单地了解一下它们吧。

阴道的末端连接着子宫，子宫是位于膀胱后面的一个器官，它的大小和一个小型的梨差不多。子宫是孕育宝宝的器官，经期的血也是从那里流出来的。位于子宫左右两侧的是卵巢，它们负责分泌雌性激素（稍后会详细介绍），并且每个月都会排出一颗卵子，它在输卵管里等待着和精子的约会（这部分内容我将在第 8 章详细介绍）。最令人不可思议的是，我们的身体仍然像 1 万年前一样，当时人的寿命不会超过 30 岁，以至于从当时大自然的角度来说，女性 13 岁就能生出一个孩子是非常有意义的。但大自然是一个慢速学习者，它还没有按照我们现代人的寿命计算出生孩子的合适年龄并不是12岁或13岁。如果我们多给它一些时间，比如再过1万年，或许它就能测算出来了。不过，让我们回到卵子的话题上来。当一颗卵子在被排出时，它可能会导致肚子出现疼痛感或痉挛。

在青春期，除了身体上会发生许多变化之外，也会出现一些我们肉眼看不到，但能切身感觉到的变化——情绪和思想上的变化。不少女孩会变得有攻击性，但又不知道自己的愤怒是从哪儿来的。有时她们甚至会愤怒到要爆炸，愤怒之后又很快被悲伤包围。也有的时候所有的负面情绪会一齐出现。这个阶段，如果家人依然把她当成一个小孩子来对待的话，她会变得更加暴躁。

那么，这些愤怒、悲伤和所有讨厌的想法究竟是从何而来呢？“我是疯了吗？我要去看医生吗？为什么我和其他人相比那么不一样呢？……”在这个时期，所有的这些想法都是很正常的，相信我，不是只有你这样。并且，在遭遇所有的这些“屁事儿”时，你可能会感到非常孤单。关于这个话题，我们将在第6章详细讨论。

同样，作为新特征出现的还有强烈地想要找男朋友的愿望。你会对其他人抱有很强烈的感觉，非常想要拥有一个最好的朋友或者渴望和其他人发生浪漫的故事。

其实，这些都是激素造成的，是激素导致我们产生这些新的、部分消极的情绪和想法，同时它也导致了身体出现其他的变化。激素，是我们身体这个小宇宙中最强大的物质。它在我们的身体中被分泌出来，并且获得了控制我们的心脏、大脑和身体的力量。它就像《我的世界》这个游戏一样，在我们内部建造出一个新世界，它是非常重要的，因此我们必须要来了解一下。

遇见飞天小女警——关于激素的一切

在我们女性的身体里住着3位超级女孩——3种不同的重要激素，她们负责我们所有的女性特征。这些物质在医学上被叫作激素（曾称“荷尔蒙”），这些重要的激素是在卵巢中分泌的。

当我们出生时，我们的身体自带着一个内置的“闹钟”来到了这个世界。这个闹钟会在青春期响起，它位于我们的大脑控制中心，当它响起时，一些物质就会被释放到我们的血液循环系统中，随后，这些物质便会唤醒我们的卵巢。

就如学校里的下课铃一样，收到它的指令后，所有人都会跑出教学楼。当我们身体里的闹钟响起时，激素就会进入血液循环系统中，然后促使我们的身体发生变化。至于这个闹钟什么时候响，每个女孩的情况都有所不同。因此，并不是所有人 13 岁就会来月经，有的人可能 10 岁来，有的人可能 14 岁才来。

这 3 种重要的激素有着各自不同的超能力。因为每种激素都有自己的个性，因此我要给它们一个形式，一个你绝对不会忘记的形式。我为什么要这么做？因为这 3 种激素将影响你的余生。或许你已经听说过激素，并且有了这样的一种印象：它们是疯狂的、邪恶的、不可预测的。但事实并非如此，它们在你的身体和大脑里都有各自特定的任务，当它们处于流动状态时，一切都变得很简单。如果不是这样，你的身体一定会让你注意到，然后你只要搞清楚是哪种激素单独行动了就可以。

这 3 种激素分别是雌激素、孕激素和睾酮。

记住了吗？当然没有。

这些名字太难记了，没有人能够一下子记住它们。于是，我给这些激素改个名，按照《飞天小女警》中 3 个女主角的名字来改名。为了战胜讨厌的坏蛋，这 3 个来自同名动画片的女孩将在一起工作，并且每个女孩——也就是每一种激素——都拥有特殊的超能力。

这 3 种激素从青春期开始，会定期从我们的卵巢被释放到血液里，并且对我们的身体和大脑都产生影响。如果她们相互配合得好，我们每个月就会来一次月经，而这整段时间，加上我们流血的那几天，就叫作月经周期。

一个月经周期是什么样的？在这个周期中，我们的身体是如何变化的？我们会有什么样的感觉？为什么有的时候感觉一切都很好，有的时候就很糟糕？

别担心，你并没有疯。只不过你的体内有一个古老的“软件”，大自然已经很多年都没有更新过这个软件了。虽然你身体里的其他部分就像最新款的智能手机一样在运行，但你的生殖系统却还和老式座机一样陈旧。

让我们来假设一下，你正处于月经周期的第一天。在第一天，你体内的所有激素，也就是泡泡、花花和毛毛，都不是很活跃。如果已经来过月经了，就应该知道在这个时间段内，你通常是没有力气的，很疲惫，容易饿，心情也很糟糕。然后泡泡和毛毛，也就是雌激素和睾酮的含量开始上升。你会察觉到你的心情在变好（这是泡泡的作用），你也有力气了（这是毛毛的作用）。大概 14 天之后，你的精力将达到最充沛的状态，你甚至会想要和你的心动对象做点什么。这是因为此刻你的身体里流动着很多的泡泡和毛毛，而且浓度非常高。

泡泡＝浪漫

泡泡喜欢独角兽，还有毛茸茸的小兔子。在这里，我们的泡泡又叫雌激素，负责乳房和子宫的生长发育，以及身体内外的许多其他变化。除此之外，雌激素也会让我们更浪漫，更乐观。但是泡泡也有另外一面——那就是戏剧性！她很容易发火。当雌激素在体内失去平衡时，人就会因为一点儿小事而生气，甚至情绪失控。

花花＝冷静

花花喜欢粉色的连衣裙，头上总别着一个大大的蝴蝶结。她总能保持头脑冷静，并找到事情的平衡点。它就相当于我们体内的孕激素。这种激素会让我们的大脑得到放松，帮我们赶走愤怒和糟糕的情绪。它会调和雌激素，也就是泡泡搞出来的闹剧。如果缺少它，我们就会变得易怒，或者多愁善感。

毛毛＝女战士

毛毛喜欢武术，遇到坏蛋决不会犹豫。我们体内的睾酮就扮演着这个角色。这种激素让我们好斗，赋予我们自信和活力。你有没有想过，为什么男孩子总喜欢打架，喜欢在教室里吹牛，而且看起来更加自信？这就是睾酮的力量，男孩子血液里的睾酮要比我们多上百倍。

然后，在第 14 天左右，从你的卵巢里会蹦出一颗卵子。这颗卵子将与进入你身体里的一颗精子结合——这颗最美、最好的精子是会跳跃的（更多的内容我们保留到第 8 章讲解）。当卵子被排出后，花花（孕激素）会进入你的身体和你的大脑里，利用具有镇定作用的物质平衡你身体的一切。这样会更好，因为如果泡泡和毛毛持续作用的话，我们的大脑里就会有太多的浪漫幻想，并且有可能会变得太暴力。花花负责让我们不要去想掀翻屋顶，也不要去想做太多的事情。而泡泡和毛毛，也就是我们的浪漫激素和行动激素的含量会慢慢降低，从而让我们冷静下来。

当卵子没有等到和精子的结合时，花花的数量就会减少，然后我们就迎来了月经。

现在你知道了：在月经来之前的几天里，你血液里所有的激素都很少。当所有的激素含量都下降时，你的感觉会很糟糕，这让你心情很不好。这就是所谓的经前期综合征（PMS）。很多时候，你的悲伤或者愤怒的情绪都是由经前期综合征造成的。

泡泡、花花和毛毛在你月经周期的最后阶段会处于一个相当低的水平，然后又再次开始增多，根据她们自己的先后顺序。整个周期就是这样的一个变化过程，并且会在你的身体里持续很多年。激素会在你的体内不断地增多和减少，但是相信我，你会适应它，特别是当你理解了一个人的身体里到底发生了什么之后。

第一次来月经到底是什么样的感受？你的身体里发生了什么？你必须要注意什么？——详细的内容我将在第 3 章继续讲解。

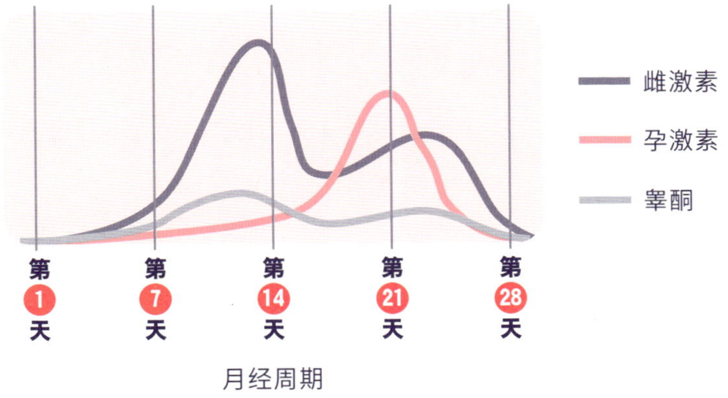
雌激素
孕激素
睾酮
第1天
第7天
第14天
第21天
第28天
月经周期

女孩聊天室

弗里达是我的女儿，她将在这本书里和我一起出现。作为一个妇科医生的女儿，她在生活中被问到的问题几乎和我一样多。在这里，弗里达将以匿名的方式展示这些问题，以及她是如何回答的。或许你也思考过这样或那样的问题。接下来，就看看弗里达和她朋友们的聊天吧。

你好！我的名字叫弗里达。你会在这本书每个章节的“女孩聊天室”里看到我。在此，请允许我先做一个声明：所有的这些聊天都是我和朋友们的真实对话，只是稍微做了修改、简化或者省略，这样是为了保护和尊重她们的身份和隐私。同样，我也尊重你和你的感受，我会谈一些严肃的话题。我不知道你已经经历过什么，你是否遇到了一些无法向别人提起的问题，或者有些问题是你一直没有得到过答案的。希望你可以在这部分内容中找到你想要的答案。

话不多说，就让我们进入第一个“女孩聊天室”部分吧。

朋友： 嗨，我有话想和你说。

弗里达： 我刚想去睡觉

朋友： 我刚刚简直要崩溃了

弗里达： 你怎么了？

朋友： 我下面里面，有更长的东西露了出来。

弗里达： 什么？？

朋友： 就是小阴唇啊，一边比另一边长。

弗里达： 冷静冷静，这完全正常，我也这样。

朋友： 可是看起来好奇怪啊。

弗里达： 它长啥样都不会打扰到任何人。

朋友： 不需要把它剪掉吗？去医院。

弗里达： 不要乱搞。那个地方一切都很好！

朋友： 既然你也有这样的情况，那我就放心了

弗里达：

朋友： 谢谢啦。不然我满脑子都在想这个

今天

朋友： 我爸妈真讨厌！

弗里达： 怎么了？发生了什么？

朋友： 不知道啊。他们简直让我抓狂！

弗里达： 你来月经了吗？

朋友： 你是怎么知道的？

弗里达： 当你来月经的时候，这种情绪很常见。

朋友： 你发誓？

弗里达： 真的。其实你的妈妈并不像你想的那样糟糕。

朋友： 这倒也是。

弗里达： 直接告诉他们你来月经了，需要安静。否则小心他们把你送去看心理医生。

朋友： 倒也没那么严重啦！

弗里达： 谁知道呢？

妈妈密语

当我们发现女儿身上发生了一些变化，这其实是一件激动人心的事情，而身为妈妈的我们通常不知道该如何应对。我观察到很多妈妈会在沟通中犯下一些错误，这是因为我们童年时期建立起来的信念依然牢牢地掌控着我们。我们会自动地将女儿的青春期和我们自己的青春期进行比较，有时我们还会受到错误观点的误导。这些都会在孩子的心中埋下一颗不健康的种子。

为了让自己意识到这些问题，并且更好地规避，我想在此指明 5 个容易犯的常见错误（我至少犯过其中的 4 个）。

1. 当你的女儿胸部开始发育时，请保持镇定（尤其是她们年龄还很小的时候）

青春期的萌芽通常表现为胸部的初次发育。这在小学四年级的时候就可能发生，也有可能到六年级才出现。不管你是什么时候察觉到女儿胸部的发育，你都不应该大肆地庆祝，或者提及即将到来的糟糕的月经而引起她们的不安。也请一些亲戚，比如外婆、奶奶、阿姨、姑姑等不要过度讨论这个话题。女孩们已经知晓她们发生了变化，不需要阿姨辈或奶奶辈来觉得这很“可爱”，或者让她们为此感到不安（孩子并没有早熟）。但不幸的是，仍然存在一种过时的观念，认为如果女孩在四年级的时候胸部就发育了，那么她就会开始对男孩子感兴趣。这当然是胡说八道。

2. 不要只是因为青春期开始了，就拽着女儿去妇科医生那里接受“教育”

任何一个女孩都完全没有必要在十二三岁的时候就去看妇科医生。即便她们有了月经初潮，也不需要去。只要她在经期流血，那么最重要的问题就得到了回答——你的女儿拥有子宫，并且一切都在正常运转。强迫女孩去看妇科医生，无异于想要从医学角度证明她身体的功能是正常的，这毫无意义。去看医生，反而强化了一种错误的信念，即女性特质是需要被观察和控制的。我怀疑，男孩们可能也有第一次梦遗后被带去看泌尿科医生的经历，结果不过是为了看看一切是否“正常”。为什么要让我们的女孩也遭受这个呢？

3. 如果有必要，你也要重温一下相关知识

语言是重要的，叫不出名字的事物是不存在的。因此你自己要非常清楚，什么是子宫，什么是卵巢，什么是阴道。当你和你的女儿讨论与身体相关的话题时，应避免使用诸如

“那里”“女人的东西”这样的词汇，因为这些词只是不必要地将我们的器官掩藏在了迷雾中。这些说法不仅不准确，还给人一种不舒服的印象，而这些细节都会被女孩们敏锐地捕捉到。

你自己必须消除对女性身体的社会性恐惧，并且你有机会在家中就打破这种烙印，让下一代体验到女性的身体是美好的，而不是充满羞耻和尴尬的。我永远都无法忘记我在德国一家著名大型连锁书店的分店里举办新书《身体由我：关于了不起的女性身体的一切》的朗读会的经历。一开始，分店的主管听说这个书名后就显得非常紧张和抵触，并且想取消那次新书朗读会（毕竟那里有很多孩子在闲逛）。不过幸运的是，后来总公司的一位负责人出面协调，朗读会取得了圆满成功——即使在这期间有不少小孩子在椅子间穿来穿去。

为什么所有与女性相关的东西都被蒙上了一种羞耻感呢？这其中的原因是多种多样的，但最主要的原因还是社会中被内化的父权思维的影响，不论男女。最明显的表现就在我们对生殖器的称呼上。所有露在外面的部分叫外阴，不是“那里”，也不是阴道。当我听到有人将外阴说成阴道时，我会感到非常不可思议。我想，这之所以经常发生，是因为外阴被当成不重要的东西对待。毕竟婴儿不是从这里来的，而且在纯粹的纳入式性行为的过程中它也没有起到主要的作用。

如果我们想要对此做出改变，就必须迈出第一步，即改变我们自己看待生殖器的方式。如果我们成功了，首先我们自己对待生殖器的态度会变得更加积极、更加放松，并且能让自己以正确、可靠的知识为引导，而不是被之前几代人可怕的说法所误导，那么我们就能将这种积极、放松的态度继续传递给我们的女儿。

4. 关于月经不要给出任何预测性的信息

请克制住给女儿讲述关于月经的一切负面信息的冲动，否则我们就是给女儿帮倒忙。这样做，无异于我们从自己的妈妈或祖母那里学到的那样，继续将月经污名化为对女性的“诅咒”。任何一个人，如果从小不断被提醒来月经是一件很痛、很麻烦的事情，那么她就会无意识地记住这些，因为除了将月经视作一种负担外，她别无选择。然而，这一切根本没有必要。没有哪项研究可以证明痛经是会遗传的，但有大量研究证明有关疼痛的预期会导致更多的疼痛，甚至会让止痛药的效果大打折扣。除此之外还有一个明确的事实，即那些把经期视为负面因素的女孩并不会觉得身为女性有多快乐，并且会对即将到来的青春期所带来的身体变化产生更多的恐惧和抗拒。

既然我们想把最好的给女儿，那么我们就要思考——我们应该做些什么呢？第一步就是仔细地观察我们自己会如何谈论我们的身体，尤其是涉及妇科健康的话题。通过这样的反省，我们就能够明确自己在哪些地方存在对自己和女儿不利的消极观点，从而用更积极的态度去取代它们。

5. 如果你的女儿冷落你，不要生气

青春期最突出的一个特征就是女儿开始疏远我们，相比于和家人一起，她们更愿意自己一个人待在房间里。一起吃晚饭的时候她们也是沉默寡言的，并且她们会通过自己的方式告诉你询问她们的一天是最愚蠢的事情。在这个时期，女孩们试图与自己的童年保持距离。她们意识到自己正在改变，不再想与在她们看来属于童年的东西有任何瓜葛，这当然也包括我们——她们的妈妈。突然间，我们感到很尴尬，因为我们不再是她们眼中的“英雄”了。

我们只能够去理解，并且尝试适应被拒绝的感受。我知道，这很痛！特别是感觉到女儿把自己封闭起来了。也许她们偶尔会闪现出之前的那个自己，你会感到一丝开心并想着：她还在，我的宝贝！只是下一刻，“她”又消失了。我们的

女儿正在经历的是一种自然的脱节现象，她们自己都没有意识到。她们大概会在 12 岁的时候突然感受到一种想要退避的内心渴望，以此向我们证明她们现在是青少年了，不再是小孩子了（有时是一夜之间有了这样的感受）。

她们本能地感觉到，她们只有几年的时间去经历相对较多的发展历程。因此，为了踏上这个旅程，与童年决裂是必要的一步，但不幸的是家庭内部的和谐就成了第一个牺牲品。

女孩躲在自己的房间里，什么也不说，似乎有了什么不想和我们分享的秘密。她们的语言体系也发生了变化——粗鲁、不合时宜、不知所云，这足以让我们这些当妈妈的发疯。她们在家里的行为更像是一个不知感恩的房客，而不是一个家庭成员，她们对每一个问题都反应得太过敏感。发生变化的不仅仅是妈妈与女儿之间的关系，她们的兴趣也在渐渐地发生改变。她们开始尝试化妆，开始讨论时尚，她们为了去一个“网红店”打卡，宁愿多坐半小时的车，排很长的队。

在这样一个特殊的时期，我们必须将被疏远、被拒绝的感觉先放在一旁。也请你不要对女孩说出“你真是被惯坏了”“你真没良心”“我和你爸为你付出了这么多”等难听的话语。她们不仅不会采纳我们的意见，她们也不理解自己为何会做出这样的决定。自己的父亲曾是那么有趣的人，现在他只会让人尴尬。自己的妈妈曾经是一个愉快的购物伙伴，现在她这样的行为只会让人厌烦。我们的女儿清楚且强烈地感受到想要逃离的渴望，却又不能完全理解这些感受（并且最后她也会看到，她们以此伤害了我们）。这样的事实会让她们变得更加不安。如果我们控诉她们不知感恩，只会加剧这种不安，而不会有任何帮助。

在此，我想要明确地告诉大家，我们的女儿在未来的几年内将要经历很多重大的变化，她们所表现出来的冷漠是很正常的。真正困难的是我们知道她们即将在人生的某个阶段面临很多复杂的问题和决定，而她们却在疏远我们。而这些决定最后又会导致中期或长期的后果，在这种情况下，她们其实更需要我们，需要我们的建议和帮助。那么，当女儿回避我们，并且越来越坚持想要自己的私人空间时，我们应该做些什么呢？

首先，我们要尊重她们的意愿。私人领域是非常重要的，这样当她们有一天离开家时，她们已经做过“练习”。当她们拥有了一个可以退避的房间，她们就独自拥有了自己的王国。她可以享受独处，同时背后又有家庭作为安全网。随着身体的发育变化，需要寻根问底的问题也会越来越多。或许你的女儿想要赤裸地站在全身镜前观察自己，或许她想要用小镜子看看自己的生殖器，并且为此寻找完全私密的空间。或许她在练习如何放入卫生棉条，为此需要片刻的安静。这些都是她们需要独处的合理理由，你的女儿也需要这样的空间来慢慢探索一切。

当我们的孩子特别明显地想要独处时，这会让我们感到不舒服。我在这儿首先要呼吁妈妈给予女孩足够的信任。说来也很奇怪，相较于女孩，我们似乎更容易给予男孩这种信任。研究表明，我们更容易接受十几岁的男孩躲在自己的房间里不出来（只是一个人的时候）。我们要欣然接受，关起门来的女孩和敞开门的女孩完全一样——她们只是为了独处而独处，而不是为了做什么可疑的事情。

那这是否意味着当我们的女儿随意进出我们的房间，让我们难堪，把我们当工作人员对待，并且她们的朋友永远要比我们重要时，我们也必须接受一切，忍受每一种不尊重人的行为呢？当然不是！青春期的孩子也会期待（即使是在抵抗的情况下）我们给她们指明底线，比如发生不尊重人的行为就会受到惩罚。像以前一样明确指出就好，不好的行为就是不好的行为，只不过要用更合适的语气来交谈。

告别女儿的童年期，并被迫面对随之而来的家庭生活的变化是很痛苦的——相信我，我非常了解。但我们一定不要因此忽视大局。我们的孩子仍然需要我们。在这个领域，我最喜欢的专业人士就是丽莎·达穆尔，她是一位心理学家，专门研究青春期女孩的心理。达穆尔把青春期比作一个泳池：生活就是泳池里的水，女孩们在里面学习游泳，我们就是泳池的边。女孩们在水中游泳、潜水、玩耍，玩得太疯狂，玩累了，她们就可以来泳池边休息。这就是我们的角色，成为无聊的泳池边，提供支持和依靠。这些支持和依靠都是暂时的，当她们感觉自己再次准备好了，她们就会再次游走。所以我们会有这样的经历——只有当孩子需要什么的时候她们才会来找我们，一旦得到了，她们就走了。这很正常，毕竟游泳运动员只想游泳，这就是她在水里的原因。当我们完全收回了对她们的爱和支持，她们就不再拥有泳池边，只能独自待在水中，我们所有人都清楚这会很危险。因此，让我们先把被拒绝的感觉放到一边，耐心地等待，直到我们完成自己作为支持和依靠的任务，这一点非常重要。

第2章

身体护理

或许你已经注意到（或者有人对你说过），你身上开始有气味了，有的时候还会散发臭味。以前运动完，你洗不洗澡都无所谓，甚至你周围的人也觉得无所谓。现在不再是这样了。有些青少年早晨一起来就能闻到自己身上的汗味；有些人则是在运动或者出汗之后才会散发气味；还有少数人即便一整天都不怎么劳累，还是会散发气味。不仅如此，你的嘴巴在起床之后也会呼出一种不好闻的气味，你的头发闻起来油油的，外阴也会形成独有的气味……所有的这些都是正常的。但是有些气味最好要控制一下，有些则无所谓。

洗洗这里，洗洗那里

首先讲讲需要控制的气味。在气味清单上排在第一的是腋下的汗臭味。你可能持不同的看法，但坦白说，没有人会喜欢闻腋下的味道。而且汗臭味最狡诈的地方是你自己不一定能够发现。因此，每天洗澡或者用香皂清洗腋下是很有必要的。如有条件，平时也可以使用止汗剂，即一种不仅能像室内喷雾剂一样掩盖汗液的气味，还能从一开始就防止你出汗的除臭剂（有些止汗剂自带香味）。有人声称止汗剂不健康，会堵塞毛孔等，不过其危害性尚未得到证实。但可以肯定的是，如果你本身闻起来味道很重，别人一定会躲开你、远离你。

此外，每天更换衣服也很重要。因为汗液里的细菌会牢牢地附着在衣物上，继续散发臭味。如果你连续几天穿着同一件短袖，还出了汗，那么之前附着在衣服上的细菌就会被激活，它散发的味道会更强烈。如果你是易出汗体质，请避免穿聚酯纤维材质的衣服——否则你会获得“臭味证书”。

在青春期，你嘴巴里的气味也会变得很糟糕，而且你舌头上细菌的数量会大幅增加。当你张大嘴，你会看到舌头的后半段有一片白白的涂层，这个很大程度上会引起口臭。因此你每天不仅要刷牙，最好再用刮舌器刷掉你舌头上的细菌。刮舌器通常可以在药店和日用品店买到，一般就在牙刷附近，或者网购也可以。

与此相反，你的头发不需要每天都洗。如果你发现你的头发根部容易变油，但发梢却干燥，那你很可能就是洗头洗得太频繁了。你可以多加尝试，看看什么样的洗头频率对你来说是最好的，或者也可以询问一下你信任的理发师。

此外，在洗澡的时候越少用香皂越好。真正需要香皂的区域只有腋下、臀部和脚。如何清洗生殖器才是你需要重点学习的。接下来，让我们进入神奇的“外阴洗衣房”。这里有一些规则需要你掌握。

清洗规则 1

外阴，也就是外露的部分——可以用一点点稀释的沐浴液进行清洗。大阴唇和小阴唇左右侧，以及腹股沟都要清洗。

这样做是为了清除皮脂和汗液残留物，以及在大小阴唇之间形成的形如白色覆盖物的细胞沉积。男孩的阴茎包皮下也有这种物质，它的专业术语叫作包皮垢，在长时间没有用水清洗的阴茎包皮下很容易发现它。

我们清洗这儿是为了避免形成污垢，并让自己感觉清爽，而不是为了去除外阴的气味。这种辛辣的、略带汗香的气味是可以存在的。

清洗规则 2

对于阴道来说，香皂简直就是克星。香皂、沐浴液、洗液……无论什么形式的香皂都可能伤害阴道。因此，不要让香皂、洗液或者其他的化学制剂进入阴道。香皂会摧毁生活在那里、保护我们免受有害细菌伤害的阴道益生菌。我们的阴道有一个邻居——肛门，那里有很多肠道细菌，这些细菌如果进入我们的阴道并定居下来，会导致阴道感染，然后就会发出真正难闻的气味。

关于分泌物和感染这个话题，我们会在后文做更详细的介绍。

清洗规则 3

一天洗一次就足够了。不要每次小便之后都清洗，这一点儿也不好。有些人觉得每次大便之后都要清洗。这倒没关系，只要你不是每次清洗的时候都用香皂洗外阴就好（顺便再提一个小细节：洗的时候要从前往后洗，否则肛门处的细菌就很容易进入阴道）。

清洗规则 4

洗澡之后要擦干所有的部位。用毛巾擦干腹股沟和外阴，然后再擦干肛门及其周围。否则皮肤真菌会附着在上面，尤其是夏季，皮肤可能会红肿，并且产生令人不适的灼热感。这时你就需要去药店买一支药膏来消除这些不适。

白色分泌物——阴道分泌物及它的重要性

阴道分泌物让很多女孩紧张。尤其当她们为了运动要换衣服的时候，或是当她们必须要看医生的时候，许多女孩都害怕别人会看到她们内裤上的污渍。这些被认为是污渍的其实是阴道分泌物，也叫作白带，是世界上最普通的东西。大概月经初潮到来之前的一年至一年半，你或许就会在你的内裤上发现一条白色的斑迹。它通常有 4 ～ 5 cm 长，大概 2 cm 宽，颜色在白色到浅黄色之间。这并不是什么污渍，也不表示你的生殖器很脏或者要多洗洗，每一个有阴道的人在一天结束时内裤上都会有这条斑迹。

之所以会有阴道分泌物产生，是因为阴道非常机智，它每天都会进行自我清洁。它每天将脱落的细胞混合着阴道渗出液和宫颈黏液一并清除出去。阴道像鼻子一样有一个通往身体更里面的孔洞，它每天都会排出一些东西。排出来的这些物质里含有许多可爱的细菌，它们叫作乳酸菌。这些酷酷的细菌像超级英雄一样工作着，帮助我们的阴道保持清洁，并保护它免受肛门细菌和其他有害菌的侵害。

阴道分泌物可以是乳白色的，可以呈黏稠的状态，也可能是像鼻涕一样的水状物。它可能会很少，但有时又会变多，甚

有趣的事实

乳酸菌这种神奇的细菌可以让色彩斑斓的内裤不断褪色。但这并不是什么病症，这是这些超酷生物的超能力。

至让你感觉总是湿漉漉的。阴道分泌物可以是没有气味的，但是大多数时候它有自己的气味，有的时候它闻起来酸酸的，像汗味或者酸奶的味道。只要它不发出臭味就行。

什么样的阴道分泌物是不正常的？当它闻起来像不新鲜的鱼或隔夜的厨余垃圾的时候，当它呈现厚厚的白色或变成绿色的时候，特别是当你觉得外阴发痒或伴有灼热感的时候，此时你的阴道可能出现了感染，必须由医生用简单的药物来进行治疗。如果你遇到了这种情况，不要担心，这很容易解决。通常情况下，你都不需要处方就能在药店买到药。大胆地去和药剂师聊一聊，他们会有很好的建议。

如果分泌物呈浅米色到深棕色，则说明里面混有微量的血液成分。这通常意味着即将出血或者出血即将停止。如果一段时间内裤上都是深棕色的，这是一种经期出血，但是它的量很少，以至于它在从子宫到终点，也就是到内裤的路上变成了深棕色，就像是一个切开的、长时间暴露在空气中的苹果一样。所有关于经期你必须要知道的内容，我们将在下一章进行探讨。

为什么阴道分泌物不仅要正常，而且还很重要？第一，你的阴道分泌物会告诉你正处在月经周期的哪一个阶段，以及你的阴道是否健康。第二，我们应当正视阴道分泌物。许多女孩被误导，认为阴道分泌物是令人厌恶的脏东西，我对此很生气。这导致她们认为必须不停地清洗自己，以清除阴道分泌物或者摆脱某种气味——一种完全正常的气味。当我们洗澡的次数太多，并且总是使用香皂时，我们的超级英雄就会屈服（前面我也说过，香皂对于阴道来说是克星）。当我们阴道里的乳酸菌联盟被削弱，其他的坏人——细菌世界里的反派人物将会占据这里，然后我们的外阴就会生病，开始发痒，并且散发真正有问题的味道。

现在你应该明白了，为阴道分泌物感到羞耻是错误的，过度清洗外阴也是有害的。请停止这种恶性循环，现在我要告诉你的是：

· 不要听信别人对你说，你的阴道和阴道里的一切是不卫生的、恶心的。

· 不要听你的家人这样说。

· 不要听你的女性朋友这样说。

· 不要听你的男性朋友这样说。

· 不要听网络这样说。

我从来没有见过男人因为内裤上有尿渍而感到尴尬——大多数男人在小便后都会这样，因为他们不会用纸擦干阴茎。如果内裤上有了一块污渍，男孩们连一秒钟都不会对此进行思考。毕竟——如果你现在还不知道的话，将来的某一天你就会发现——男人会为阴茎里流出来的一切东西感到骄傲。这不应该成为“男性的特权”，我们在面对自己的身体时，应该抱有一种健康、放松、自信的态度。我们女孩也是时候这么做了！

体毛和外阴的发型

到了青春期，另一件需要我们关注的事情就是管理我们的体毛，它们突然之间长得到处都是，腋下、乳头周围、外阴……特别是有地中海基因的女孩。我们家所有女性都属于这类。是的，我们有很多体毛！不仅是来自地中海地区的，很多拥有阿拉伯国家、印度、南美国家基因的女性都这样。我们的毛发茂密！我们被赠予了很多有趣的东西，它们是：

· 女士胡须

· 外阴三角区到肚脐的体毛

· 浓密的阴毛

· 腿上的黑色体毛（大腿和小腿上）

· 胳膊上的黑色体毛

· 臀部上的黑色体毛

· 背上的黑色体毛

· 有人甚至乳头和脸上都有深色的体毛

亚洲女性的情况正好相反，她们的体毛相对较少，也不是卷曲的，而是像意大利面一样直的（只是没那么长）。

如果你的体毛很多，那么很有可能会有一些医生告诉你：“你体内有太多的雄性激素！”虽然有一种叫作多囊卵巢综合征的疾病会使卵巢功能降低，分泌出很少的孕激素（花花）和雌激素（泡泡），却分泌出很多的睾酮（我们的女战士毛毛），但它是可以治疗的。然而，我已经听到过不少女孩因为胳膊和腿上的体毛比其他女孩更多一些，就被医生判定为“你体内有过多雄性激素”，这是没有道理的，她们其实完全健康！

如果你有许多体毛，该怎么办呢？只要你想，有很多脱毛的方法，但是不同的身体部位需要采用不同的方法。让我们来看看具体有哪些方法吧。

剃刀除毛

这是最简单、最快速的去除体毛的方法。可以使用能定期替换刀片的剃须刀，或者一次性剃须刀。注意不要使用放在浴室里几个星期，并且已经生锈了的剃须刀。这可能会导致割伤并发炎。这样的剃须刀就赶紧扔掉吧。

适用范围 适合剃腋下和比基尼区域，准确来说就是腹股沟里内裤左侧和右侧的位置。如果你的腿毛较软，小腿部分也适用。如果你想去除阴阜和大阴唇位置的阴毛，也是可行的，但是一定要更加小心和轻柔，并且每次都要替换一个新的刀片。

不适用范围 如果你胳膊和腿上的体毛较硬，你很快就会发现，这种使用剃须刀去除体毛的方法有两个坏处：第一，需要太多的时间；第二，需要非常频繁地剃毛，因为它们会像胡子一样不断地长出来。作为初学者，你也不要尝试去给肛门剃毛，因为这很难操作，并且容易割伤自己。而且不要用剃刀去剃乳头附近、脸上和脖子上的体毛！比如，脸上的体毛剃完不久就会长出毛茬，然后你看上去就会像真的刮了胡子一样。

如果剃毛后长出了小红疹子，通常是毛发根部轻微发炎导致的。为了避免这种情况，你可以在每次剃毛之后涂抹一种叫奥替尼啶的溶液，这在药店就可以找到，它是一款非常温和的抗微生物剂，不会有灼痛感（涂抹普通消毒液会像涂了辣椒水一样刺痛）。

蜜蜡脱毛

这种方法通常是由一个经过专业培训的脱毛师在你的身体上，也就是你想除毛的部位涂上蜡，然后将体毛连根拔起。这种方法的优点是处理过的地方能够长时间地像婴儿的皮肤那样光滑，缺点是拔毛的过程非常痛。不过一位技术熟练的脱毛师会通过她的经验帮你稍微免受一些痛苦。

也有可以在家里使用的蜜蜡脱毛产品，一般都可以在药店或网上购买到。但如果你是一个初学者，那么我建议你不要轻易尝试，除非你的妈妈或者其他人，比如你的姐姐知道怎么做并且可以帮助你。

适用范围 胳膊、腿部、背部、腹部、私密区域。

不适用范围 腋下（可能会刺激到你的汗腺并导致发炎）。

脱毛膏除毛

脱毛膏是一种在药房或网上可以买到的膏状物，它当中的化学成分可以使毛发脱落。你可以将它涂抹在一定的位置，然后等待一会儿，将脱毛膏连同脱落的毛发一起擦掉。因为含有化学药剂，脱毛膏闻起来会有一股奇怪的味道，但在健康方面通常对人体是无害的。

适用范围 胳膊、腿部、腹部、比基尼区域。

不适用范围 脸部、外阴、肛门。

激光除毛

这种方法是由专业机构提供的，它利用一台激光设备来摧毁发根。不过激光除毛必须进行很多次才能根除所有的体毛，而且个别的毛发也有可能再次长出来。这种方法相当折磨人并且很昂贵，但是能够永久去除毛发。大多数机构只接受 16 岁以上的客户，有的机构甚至需要你达到 18 岁。

适用范围 胳膊、腿部、腹部、腋下、颈部。

不适用范围 脸部（可能会被灼伤）、外阴和阴唇（许多用激光永久去除毛发的人已经后悔了）。

你当然也可以保留你的体毛。不是因为它能够被去除，就必须要去除它。你阴毛的造型完全由你自己决定。所有的造型都是可行的，像只保留中间窄窄一道的跑道式，或者是比基尼泳裤之外的阴毛全都去除的比基尼式等。通常情况下，体毛很快就会长出来，你可以尽情地实验，但一定要选择正确的方法。

一夜之间的新朋友——关于痤疮的一切

激素在你的血液里穿行带来的另外一个不良反应就是痤疮。它们真的很让人讨厌，并且在你最不需要它们的时候它们总是会出现。它们喜欢驻扎在你的额头、下巴和脸颊上。身体的其他部位上也会出现痤疮，比如背部或者上臂。

痤疮其实是毛孔堵塞、发炎引起的。它的出现与你的脸洗得多干净没有太大关系，多半是与激素有关。你的激素负责让你的皮肤变油，并且产生更多的皮脂。这种皮脂和油脂一起位于毛孔中，无法排出。当属于正常皮肤菌群的细菌进入毛孔时，它们会与皮脂、油脂一起享用一顿大餐，并进行大量的繁殖，毛孔中就会出现一种微小的炎症，形成痤疮。

痤疮一开始大多是发红的，有时会形成非常痛的肿块，随着时间的推移它们会升级成脓疱。你可以看到痤疮上有一个白色或黄色的小点。当细菌消化完油脂并产生了脓液废料时，就会发生这种现象。

痤疮的形状各不相同：有红色的小痤疮，中等大小的脓疱，还有隐藏在皮肤底下但能让人感觉到痛的结节。我在这里不过多列举了，但各类痤疮中有非常严重的类型，它甚至会在你的脸上留下瘢痕并且永远不会消失；也有轻微的小痤疮——黑头，这些黑色的小点点看起来像撒落的胡椒粉，经常出现在皮肤较油的地方，比如额头、鼻子和下巴上。

痤疮从来都不是很酷的东西，我们每个人都想尽快摆脱它们。那么，到底应该怎么做呢?

大家经常说不要挤痤疮。但事实告诉我们，痤疮通常不能靠美容手段解决。你可以把油腻的脓疱挤出来，但前提是你要遵循一些挤痤疮的规则。

挤痤疮教程

1. 等待，直到能够清楚地看到脓头。
2. 在你挤出它们之前，请先洗脸和洗手。
3. 一定不要用手指甲！！
4. 取一块湿巾，小心地把痤疮挤出来。当它流出血后，就说明已经挤干净了。
5. 涂上消毒软膏或消毒液（比如奥替尼啶，它是一种溶液，你回忆一下我之前说过，在剃毛之后也可以使用它）。

6. 千万不要尝试挤出隐藏在皮肤里的痤疮。
7. 未成熟的痤疮是红色的，让人觉着很痛，但还没有出脓，别管它，耐心地等待，直到出现一个大脓点。在这之前不要用手指去触碰它。
8. 不要在发炎的或者刚刚挤出的痤疮上涂抹化妆品或厚重的护肤品。
9. 挤出痤疮之后皮肤会红肿。想一想，你接下来是不是有什么安排！
10. 如果有疑问，就去找医生，他们有各种有用的小窍门可以帮助你！

你一定要知道的真相——痤疮不是必需的，明显的痤疮是可以治疗的。你可以去找皮肤科医生，他们会教你很棒的治疗方法，让痤疮消失。许多女孩为了让皮肤不再长痤疮，甚至去吃避孕药。对此，你需要知道避孕药的确可能会让你拥有完美的皮肤，但它同时也有许多不良反应。有些人吃了避孕药，痤疮一周后就消失了，她们感觉效果非常好。但另一些人同样服用了这种避孕药，却比之前长出了更多的痤疮，并且心情更加糟糕。你必须自己尝试一下，才能知道这种药对你是否适用。关于避孕药的更多内容，以及什么时候需要使用它，我们将在第 8 章中学习。

另外，你一定要养成睡前定时洗脸的习惯，否则你就会带着一整天的尘垢和油污入睡，而夜间皮肤还在工作。

关于洗脸，我的建议是：

· 每晚用毛巾洗脸，温柔地清除皮屑，不要过分擦洗。

· 使用专为混合性皮肤或油性皮肤设计的洁面乳。

· 使用化妆棉和成分中含有果酸的化妆水清洁你的皮肤，它能够有效溶解油脂混合物。

· 使用一款针对不光洁皮肤的护肤霜来结束晚上的护肤流程。我推荐含有视黄醇的护肤霜，它能够调节油脂分泌，促进皮肤细胞再生。

我知道，你对长痤疮这件事会感到无比羞耻。但我想对你说，根本不需要有这样的想法。我在青春期的时候背部也长出了可怕的痤疮，于是从来不去泳池游泳。现在想想，这简直是在浪费生命！第一，根本没有人在乎你是否长了痤疮。第二，再糟糕的痤疮都会有方法解决它。去求助专业人士吧！他们会给你提供有效的解决方案。

体重和营养

体重是女孩之间永恒的话题。有的女孩想要减重，有的想增肥，还有的只想让臀部变大，同时让胸部变小。而且，总是会有人对你说："你太胖了吧？"然后过段时间又有人说："你现在太瘦了。"甚至还有人会说："你太瘦了，但是臀部又太宽太平了。而且你的胳膊就像意大利面一样细。"

即使没有人这样说，我们也会不断地这样暗示自己。女孩往往自己就是自己最糟糕、最苛刻的批评者。大多数时候，我们都会觉得别人的身材比自己好，却无法理解自己的好朋友为什么会认为她自己的腿型非常糟糕，或者她自己头发的颜色不那么完美。

女孩一旦确定了是什么在困扰自己，她们中的许多人就会去网络上寻找改变现状的方法：或许是酸菜节食法，或许是一瓶一瓶地喝绿茶，或者是穿戴上紧身的胸罩来控制胸部的发育，或者是在晚上做几百个深蹲练出翘臀。

最终你会发现这些都没什么用。吃酸菜只会让你放屁，气味还很恶心。而且你还是会饿，并且更想去麦当劳。绿茶喝起来就像干草汁。紧身的胸罩也是一个谎言。深蹲确实会让你的臀部更紧致，但是你仍然很难拥有像电臀教程里那样的翘臀。

然而你知道吗？这一切并不糟糕。你就是你。你的身体是你的，和其他人的身体一样完美或者不完美。有些东西或许你能够改变，比如更强的肌肉力量，更结实的腿，但如果你想要一个完全不一样的身体，那是不可能实现的。你明明拥有一个正常比例的身材，却渴望变成沙漏体形——不要折磨自己，不要瞎折腾，认清事实，好好生活。我们可以充分利用好与生俱来的东西，每种体形都能以它自己独有的方式展现魅力。

如果你想要做一些对自己有益的事情，那就关注你的饮食。你必须要知道一点：没有什么是绝对禁止的。只是有些食物和饮料只能偶尔吃、偶尔喝，而有些食物和饮料则需要一直吃、一直喝。

一直要吃的食物，也就是你每天都要摄入的食物有各种蔬菜、各种水果、鸡肉、牛肉和鱼。可以一直喝的是水，不管是无气泡的还是含气泡的，以及无糖的茶和果汁等。

偶尔可以吃的食物有饼干、蛋糕、软糖、薯片、汉堡、薯条、烤肉或者其他快餐。偶尔可以喝碳酸饮料或者非常甜的果汁（苹果汁）。

食物不是你的敌人，而是你身体的燃料。

如果除了均衡的饮食外，你还有一项自己喜欢的运动，那么这种生活方式能够真正地让你感到舒适。如果没有，你就试试能否找到一种运动。运动不仅对你的身体有益，对你的大脑也大有好处。

请记住，没有人能够一辈子都保持同样的体重。体重秤上显示多几千克或者少几千克并不是什么糟糕的事情。你不应该被你衣服的尺码所定义!

持续的疲惫

生长发育期间，我们会需要比以前更多的睡眠。在青春期你会发现自己不管睡了多长时间，还是会持续地感到疲惫。这并不是因为你变懒了，或者缺乏积极性，也不是因为你变胖了或者不爱运动，而是因为你的大脑正在进行自我改造。这个过程需要消耗你非常多的能量，就像你的手机利用蓝牙和无线局域网传输数据需要电量一样。

持续疲惫带来的结果就是放学回家后，你马上就想睡觉，忍都忍不住，深感床是那么舒适。直到晚上10点你才醒来，发现还有作业要写，于是你惊慌失措，坐在书桌前直到深夜才完成任务。第二天早上闹钟响了，糟心的事又开始了。更糟糕的是，你的家人还会抱怨你一直躺在床上。

对此，我只能建议你早点睡觉。我知道这个建议既不酷也不容易实践。你要尽可能地抵制住诱惑，避免一回家就躺到床上，如果实在想睡觉的话，只能睡半小时，这样晚上才有可能正常入睡。午夜前的几个小时对我们的大脑来说是非常有价值的充电时间!

另外，所有电子产品的屏幕都会影响你的睡眠，因为智能手机和平板电脑发出的蓝光会向你的大脑发出信号：“现在是白天！”因此，要尽量减少使用电子产品的时间，如果可以的话，不要把手机带上床。

女孩聊天室

*朋友：*弗里达，我遇到了一个问题。

*弗里达：*什么问题？说来听听。

*朋友：*这对我来说有些尴尬。
你发誓，你不会笑我

*弗里达：*我为什么要发誓？

*朋友：*好吧……我的白带闻起来有点奇怪。

*弗里达：*闻起来像什么味道呢？

*朋友：*反正就是很糟糕，像臭鱼的味道。

*弗里达：*亲爱的，你这是感染了。但是很容易治疗，不用担心。
去看妇科医生或者直接去药店咨询一下药剂师买点阴道用药。
如果两三天还没好的话，就去医院看看吧。

*朋友：*真是令人尴尬。她们肯定认为我不干净或是怎样。

*弗里达：*绝对不会的。实际上这是因为你清洁过度了。不用担心。

*朋友：*你能陪我一起去吗？

*弗里达：*当然。

星期天

*朋友：*弗里达。

*弗里达：*怎么啦？

*朋友：*我又遇到了一个问题。

*弗里达：*什么问题？

*朋友：*我昨天剃毛了。但是现在我长了红色的小疙瘩。

*朋友：*这很严重吗？

弗里达： 不严重，就是看着有点烦人。

弗里达： 它是皮肤上的轻微细菌感染。我知道，有点糟糕。

朋友： 它们会消失吗？

弗里达： 当然会消失，只是需要点时间。
你下次剃毛的时候准备点奥替尼啶来预防，
它是一种预防感染的药。
使用起来非常简单，剃毛之后直接涂上就行了。

朋友： 我在哪儿能买到呢？

弗里达： 药店。

弗里达： 你剃毛不要太频繁了。你的皮肤会感谢你的。

朋友： 奥替尼啶会有灼烧感吗？

弗里达： 不会的，它就像水一样。

妈妈密语

当谈及身体发育方面的知识时，良好的沟通是成功的关键。身为妈妈，我们不要用未经思考的轻率表达把女儿从我们身边推开，也不要将错误的观点植入她们正在成长的大脑中。按照我最喜欢的作家、教育家艾米丽·纳戈斯基的观点，我们从婴儿期到成年期，对自我的认识过程就像是从外部建造一个花园的过程。父母和社会可以决定的是在孩子的花园里种些什么。这其中既包含了价值观，也包含了无意识的东西，因为它们也被植入到了我们体内。有些植物是有益的、美好的，有的却是有毒的或是杂草。

基于这个观点，我想提醒大家注意无意中植入到女儿脑中的“杂草”。这个花园的比喻不仅能运用到对自我的认识上，还可以应用到其他方面，比如性、女性的身体功能，以及女性角色的定位。

那么，在身体护理方面，哪些是典型的杂草，哪些是有益的植物呢？让我们来具体看一下。

1. 卫生措施

我可以告诉女儿她身上有异味吗？当然可以，但我们要以慈爱的方式，并且明确地告知。还要告诉她，她现在头发油得很快，要更频繁地去清洗。你可以经常和女儿一起去购物，帮她选择气味好或者看起来好看的洗发水、护发素，还有沐浴液和除臭剂。

要督促她每天换内裤，但不要用手指挑起女儿的脏内裤发出“咦——”这样嫌弃的声音。如果你走运的话，你的女儿会主动咨询你她的白带是否正常。请你谨慎地、积极地做出回应。如果它闻起来不是臭鱼或者臭鸡蛋的味道，也不是恶心的绿色，那么一切就都正常。她的白带量可能比你的多，因为她此时正处于激素泛滥的时候。如果没有必要的话，不要带着她去看妇科医生。一般情况下，没有性生活的女孩是不会有严重的阴道感染的。

2. 体毛

当你的女儿想要脱毛时，请一定要支持她。否则她很有可能会随便拿上一把剃须刀开始尝试剃去腿毛、胳膊上的毛，甚至是阴毛。同样的情况也适用于蜜蜡，她们会在脸上或者其他某个部位尝试用蜜蜡脱毛，这很容易刺激到皮肤。或者她们会剃掉自己的胡子，结果长出了胡茬，她们甚至会尝试剃眉毛。如果必要的话，带她们去找专业的美容师或者去脱毛工作室，不要让她们独自解决这个问题。

通常情况下，浓密的体毛来自基因，但这个基因也不一定会遗传给下一代。在家族中，总会有一个体毛多的人存在，这种倾向有时会跳过一两代人。还有一些罕见的体毛多的情况，关乎医学问题——比如由超重或不怎么来月经引起的，隐藏在这背后的病症就是多囊卵巢综合征，也就是卵巢功能弱，导致分泌出的雌激素和孕激素太少，睾酮太多。如果是这种情况，可以去医院做一个血液检查和超声检查来确诊。

3. 皮肤和痤疮

大多数女孩在青春期都会出现皮肤问题，特别是额头、下巴和背部容易长痤疮。另外，这个年龄段的一些女孩会开始尝试化妆，但是晚上却不卸妆或者不好好洗脸，这就需要对她们进行培训。要耐心地告诉你的女儿，为了护理好皮肤，她们需要做些什么，如晚上用温和的香皂或洗面奶洗脸，最好用一块干净的毛巾擦脸。特别是那些已经涂了粉底的女孩们，必须告诉她们洗脸的时候要从发际线处清洗到下巴的位置，否则会有粉底残留，导致长痤疮（包括粉刺）。

其实清洁只占到了问题的三分之一，剩下的三分之二是由激素决定的。它有可能会以痤疮的形式出现，也有可能隐藏在毛孔底下。我认识的皮肤科医生其实或多或少都有痤疮问题，但是别人却看不出来，那是因为他们知道该如何治疗。因此，抽时间带女儿去咨询皮肤科医生是很重要的。

很多妈妈问我，当女儿皮肤状况很糟糕，尤其是承受很大压力的时候，是否可以让她们服用短效避孕药。这种情况必须要权衡。当你的女儿只长了两三颗痤疮，却说她因为皮肤问题想吃避孕药时，你可能觉得这也太夸张了，然后找借口推脱。但是我还是建议在合适的时候和女儿聊一聊。因为这背后可能隐藏着真实的避孕需求，而你还一无所知。多年来的行医经验及身为妈妈的心得告诉我：一方面，我们作为妈妈不能欺骗孩子；另一方面，当一个女孩询问避孕的事情时，说明情况已经十分紧急不能再拖延了，并且她自己在非常认真地对待这个事情。当一个青春期的孩子想要体验性，无论有没有得到我们的祝福，她最终都会去尝试。我们最不想发生的情况就是青春期女孩怀孕。因此，谨慎的措施是需要的，我们能做到的最好的、也是唯一的事情就是鼓励女儿说实话。

即使你的女儿没有避孕的需求，只是单纯地忍受着痤疮带来的折磨，那么在大多数情况下，没有医学上的理由来禁止使用短效避孕药。我个人认为这是一个很好的办法，只要你按照医生的处方服用。经期不规律会加重痤疮，一旦经期变规律，皮肤也会逐渐变好。因此，你必须清楚地权衡利弊，但这还是值得一试的。服用短效避孕药时需要注意的事项，以及什么时候绝对不能使用，我将在第 8 章中详细讲述。

4．饮食、体重和正向地对待身体变化

这对我们来说绝对是最困难的话题。和女儿谈论这个是非常棘手的，尤其是当你发现她们长胖了很多的时候。一方面，我们不想“羞辱”她们的身体，也不想让她们形成一种不健康的饮食方式；另一方面，我们又希望她们能善待自己的身体。当我们还在考虑这些，以及不想说错话时，她们已经被各种视觉刺激轰炸，被动得知什么才是完美的身体。社交媒体带来的影响是巨大的。她们做不到的事情，她们的同龄人却能完成。这些人会大谈自己的问题和自己是如何节食的，并且主动给出建议，告诉女儿该如何解决她们所谓的问题（其实根本不是什么问题）。

有一个有趣的研究：天生失明的人基本上都对自己的身体感到满意，只要他在日常生活中做了那些他认为健康并且应该做的事情。科学研究还告诉我们，对自己的身材感到满意的女孩往往来自一个积极关注健康的家庭，并且没有通过不健康的节食来维持“好身材”的饮食习惯。

如果我们自己对运动有一个积极的态度——“运动能带

来乐趣”，而不是为了燃烧热量或者为了展示运动效果而痛苦地锻炼，那么这将对我们的女儿在身材管理上产生一种积极的影响，也就是说，她们常常会以我们为镜子。同样的道理也适用于饮食管理上。此外，措辞很重要。饮食不应该被简单地划分为“让人变瘦”和“让人变胖”，也不可能完美地划分成“健康”和“不健康”，因此，我在前文里将食物划分为“一直吃的食物”和“偶尔吃的食物”，就是为了说明没有什么是完全禁止的。“禁止”只会让某种食物看起来更具“诱惑力”。

如果你在刚满 30 岁或者 35 岁左右有了女儿，那么当你的女儿进入青春期时，你自己也在慢慢进入更年期。你会怀疑是不是有人半夜偷偷缝紧了你的裤子，甚至发现不该长肉的地方突然长了脂肪（比如背上），这是脂肪分布发生变化的现象。健康的饮食在更年期起到的作用更重要，这个时期我们会经常发现自己在和过去的自己进行斗争。

女儿会观察并模仿我们：我们因为什么而沮丧，我们如何谈论自己的身体，以及我们如何谈论别的女性。当我十几岁，还生活在美国俄亥俄州的时候，每当看到一个超重的女性（相比在德国，她们在美国更常见），我的妈妈总会对我说：“如果有一天我变得这么胖，我一定会离家出走。”她总是对自己的肚子生气，并且尝试尽可能地少吃东西，却会用勺子吃大量的果粒酸奶。这让我在那时就开始反思，坦率地讲，在我写下这几行文字的时候也是如此思考的：我们在早年学到的关于女性身体价值的东西，往往是不健康的，而且会持续很长一段时间。这些就是在我们的内心花园里生长的杂草和有毒植物，它们必须被清除出去，这样它们就不会被传给我们的孩子了。

除了要注意我们的措辞之外，养成并保持健康的饮食和运动习惯也很重要。要吃健康的食物，发现并享受与美好生活有关的东西。运动应该给人带来快乐，而不是作为放纵过后的惩罚，也不应该成为用来与体重数值斗争的工具。

如果你的女儿对自己的身材特别不满意，她可能会通过多种方式表达出来：她会想出疯狂的节食方法，或者想去做医美手术（如在臀部植入假体等）。她不再想要被拍照或者照镜子。她会看起来十分沮丧，回避交谈。

首先，你要知道她正在使用哪些社交媒体。她在一些社交媒体上看到的都是不真实的照片，其中的内容甚至根本不存在，比如拥有完美身材和无瑕皮肤的年轻女性。问题是即使我们不断地告诉女孩她们看到的很多东西都是假的，但是这些东西已经被深深地植入到了她们的大脑里。因为人工智能无处不在，我们的孩子总是能收到各种账号推送的内容——健身教练、模特、网红发布在网络上的“自拍照”，当然还有很多“神奇”的产品，你可以在一夜之间买到。

当你的女儿对自己的身体产生负面评价时，请一定要对她说点什么。如果按照医学标准她的体重在正常范围内的话，那就告诉她，她拥有强壮且健康的身体。但是不要试图过度称赞她的身体（很遗憾我也经常会犯这个错）：“你应该感到开心，你有如此瘦的腿，不像格达姑妈那么胖。”这样的话语会把价值放在了“瘦”和“胖”上，而忽视了其他一些积极正面的特征，比如格达姑妈是你的好朋友，经常帮你料理家里的很多事。

我们能为她们做的事情并不多。强烈地要求她们调整饮食、养成运动习惯并没有太大的意义。孩子们其实很狡猾，她们真正想要的是安静，只要她们说出我们想听到的话，就能避免讨论。然后她们会偷偷地吃东西，或者像疯了一样地爬楼梯，把吃下去的热量消耗掉。

然而，如果你的女儿在饮食方面一直存在问题，那么就有必要去寻求专业人士的帮助。首先是儿科医生，他可以进一步为你提供建议和帮助。饮食障碍是要严肃对待的问题。厌食症和神经性贪食症的复发率很高，治疗的时间也会很长。

5. 睡眠需求的增加

这也是很容易让妈妈糟心的事情——你的女儿只想躺在床上。她恨不得在床上吃饭，在床上写作业，能不离开床就不离开。床变成了活动中心，在这儿她摊开作业本，通过网络维持社交，不停地刷短视频社交平台（Tiktok）。这种情况的发生当然与手机脱不了关系，而手机又不会真正从她的生活中消失，这就会导致两个问题：第一，床不再与睡眠联系在一起，她在潜意识中将床视为客厅或办公室，而不是让人睡觉放松的地方。即便设法在那里睡着了，这样的睡眠也不会持续地让人得到休息，就像你在沙发上睡觉一样。第二，手机屏幕会发出蓝光，通过眼睛向大脑发出“清醒”的信号，从而抑制褪黑素的分泌。然而褪黑素对入睡很重要，而且当我们处在黑暗的环境中时，它才会分泌。因此，很多人在电影院看一部自己不感兴趣的电影时特别容易睡着。

当你试图让青春期的孩子远离电子产品时，她的反应会非常激烈，尤其是当她逐渐被允许做一些事情并且想要自己做决定的时候，也就是越来越渴望独立的阶段。我只能建议你提早进行干预，最有说服力的方法是一家人一起制定使用电子产品的规则。如果你树立了一个好榜样，在睡觉前 1 小时把手机和笔记本电脑收起来，你不仅可以睡得更好，还可以对孩子们强制执行这个规定。事实上，正处于青春期的女孩每天需要 8 ～ 9 小时的睡眠才能让大脑正常运作。

虽然我自己成功地做到了晚上将手机放到一边，但是要持续监控孩子们有没有偷偷玩手机是一件很难的事情。比较有效的方法是规定把手机放在卧室外面充电，比如厨房。如果你的女儿半夜偷偷去拿手机，那么她在第二天就要承担后果。生活教给我们最重要的一课就是我们的行为会产生相应的后果。青春期的女孩要经历一些小小的痛苦之后，才能明白这个道理。

当我得知女儿的大脑发育需要消耗大量能量，因此才需要如此多的睡眠时，我就不再因为女儿白天睡太多而生气，也不必愚蠢地浪费自己的时间了。

第3章

关于月经的一切

“例假”“月事”“大姨妈”“那个亲戚”……虽说我们应该用正确的名字来提起月经或经期，不需要带有任何羞耻感，但我还是觉得它的有些代号很有意思，不过这些代号又没有任何存在的理由。来月经并不是一件尴尬或者恶心的事情。它是女性完全正常的一部分，而且是很重要的一部分。

第一次来月经总会让人感到紧张和恐慌。发现内裤上有血，有些人会很高兴，有些人则会感到毛骨悚然，或者根本不想来月经。你仔细想想就会明白：这是自然的征兆，表示你已经准备好孕育生命了。好吧，大自然的头脑有点不正常，我们和 1 万年前的人早已不同，那时候的人 14 岁就结婚，30 岁就去世了，因此月经来得早对他们来说有一定的生存意义。

平均而言，女孩一般在 12 岁左右来月经。月经应该每个月来一次，每次持续 5 ～ 7 天。经血的颜色从浅红到深红色，从棕色到黑色不等。有的时候经血是液态的，有的时候会混有黏稠的部分。也就是说，一个月中，你有 3 个星期是不流血的。

在经期，你可能会感受到一些疼痛，尤其是在第一天和第二天，这是因为子宫为了排出血液需要收缩。在月经来潮之前或者经期，你可能会心情烦躁，甚至头痛。这些情况在一定程度上都是正常的，但不适的感受不应该达到会影响你正常生活和学习的程度。

关于月经的那些疑问（第一部分）

说到月经，许多女孩会害怕提出奇怪的疑问。其实并不存在奇怪的疑问，只有愚蠢的答案。让我们一起来看看这些疑问吧。

疑问 1 月经什么时候会变得有规律？

答案 当你每个月都来一次月经的时候。就像网上写的或者你已经在学校学到的那样，月经不一定每28天来一次。原则上，它也可以每24天或者每32天出现一次，只要它在一定的区间之内，大部分情况都是正常的。

月经周期最初可能需要4年时间才能固定下来。在那之前，你的月经会非常疯狂，会在日历上的任何一个时间到来：一次是4周后，一次是2个月后，然后3周后又来了，然后是3个月后……这种情况在一开始的时候都是正常的，没有必要去看医生。除非它严重干扰了你的生活，比方说你要参加某项竞技运动时它突然来了，那么你可以采取一些措施来应对它。

疑问2 棕色的经血正常吗？这是不是意味着我的血有点脏？

答案 棕色或者黑色的经血都是正常的。这是因为经血流得相对较慢，在去往内裤的路上接触空气而变色了。这和被切开的苹果遇到空气会变成棕色的道理是一样的，这种现象叫作氧化。你的经血绝不肮脏，当你的身体在流血的时候，它也在“净化”自己。别被这些奇怪的说法误导了。

疑问3 其他人都在谈论腹部绞痛的问题，我却没有，我正常吗？

答案 腹部绞痛是痛经的一种形式，不是所有人都有这个问题，没有痛经反而不用忍受疼痛带来的困扰。有些人比较容易排出经血，即便她看上去不是那么强壮。如果你的出血相对轻松，并且3天后就没有了，那就没有任何理由去担心这担心那。放轻松就好。

疑问4 **经血里黏稠的东西是什么？**

答案 那是凝结的经血，它既不是皮肤，也不是组织。不要担心。

我在诊所里遇到过一些女性（她们已经有较为活跃的性生活），她们害怕这些黏稠的东西是一种流产现象，随着经期的到来一起脱落。我可以向你保证，流产绝不是一个轻松流出血块的过程。流产时的出血情况和经期时的涓涓细流是不能相比的，它更像是一场百年不遇的洪水。因此，如果你出现量很大的流血，并且流个不停，那么你要赶紧去医院。

疑问5 **当我来月经的时候，别人能闻到味道吗？**

答案 狗可以闻到，人不会。除非他们直接把鼻子凑到你的裤裆。他们当然不能这样做。因此，经期你不需要使用香水、喷雾或者除臭剂，即使你会在商店里看到针对私密部位的除臭产品。我们所有人都应该对这样的产品嗤之以鼻。

疑问6 **当我来月经的时候，肛门为何会感到疼痛？**

答案 不是所有人都会出现这种情况，即使出现，也不是每一次都会这样。这是经期痉挛的一种形式，它延伸到了肛门附近。肠道作为一个邻近的器官，也经常参与到经期中来，让我们直接去看下一个疑问。

疑问 7 **为什么来月经时，我会经常腹泻？**

答案 因为肠道收到激素的邀请参加了“月经派对”。当子宫收缩时，肠道也同样在收缩。

卫生棉条、卫生巾、月经杯和生理裤

当谈到月经时，你要学会的第一件事就是清理好你的经血和衣物。为此，就有了可以放进阴道的东西，可以贴到内裤上的东西，甚至还有同时可以作为卫生巾使用的内裤——关于这个我们稍后再做更多介绍。

一开始，你可能会觉得卫生巾是最舒服的。根据经血量的不同，卫生巾的厚度也会不同。除此之外，还有夜用卫生巾和日用卫生巾之分。它们的背面都有一个粘贴条，用来贴到内裤上。有些卫生巾还有侧翼，这样的话经血就不会从左侧或者右侧溢到内裤上。

你不必每次上厕所都换卫生巾，一般 2 ～ 3 小时，发现卫生巾被经血浸透了再换就行。如果在这之前卫生巾就已经满了，那么你当然要提早更换。

如果你觉得卫生巾很麻烦，想要尝试点别的东西，也可以试试卫生棉条。

卫生棉条使用六步曲

第 1 步：洗净双手。

第 2 步：拆开卫生棉条，拉出棉绳。

第 3 步：一只脚踩在浴缸边缘或者马桶盖上，找准阴道的位置。

第 4 步：将卫生棉条推入阴道——角度类似游乐场的儿童滑梯。

第 5 步：一直往里推，直到你没有任何感觉，线要留在外面。

第 6 步：再次洗净双手。

当你第一次尝试推入卫生棉条的时候，可能会觉得它根本塞不进去。许多人还反映这样会很痛。这里有一个诀窍：不要把卫生棉条笔直地塞入体内，因为这样会撞上尿道，引起痛感。阴道是向后弯曲的，就像儿童滑梯那样，所以要倾斜着将卫生棉推到里面，往背部的方向，而不是直直地往肚脐的方向捅。

此外，还要确保你的流血量足够多。如果流血量很少的话，你的阴道会变得干燥。那么你就稍微等一等，在这期间使用卫生护垫或者卫生巾，直到血量变多时，你就可以轻松地放入卫生棉条了。

根据不同的流血量，可选的卫生棉条的尺寸也不同。我建议，刚开始的时候使用小号的卫生棉条，直到你完全掌握推入卫生棉条的方法之后，再逐渐换成大一号的。当你想游泳或者进行体育锻炼的时候，用卫生棉条是一个更好的选择，露出来的棉线可以隐藏在比基尼或者内裤里。

当你更换卫生棉条或卫生巾的时候，请你把它卷在卫生纸里，然后丢入垃圾桶。千万不要丢进马桶里！这对环境非常不友好，还会堵塞排水口。如果排水口真的堵住了，那么管道清洁公司的男士就会出现，并且把你扔进去的卫生棉条给弄出来（真尴尬）。

中毒性休克综合征（TSS）

你应该每隔 3 ～ 4 小时更换一次卫生棉条，这也是非常重要的事情，因为在极少数情况下会发生危险的细菌感染，学名叫作中毒性休克综合征。这种情况虽然极少发生，却会引起发热和器官衰竭。如果你长时间遗忘了你的卫生棉条，也不要慌张。只要你没有感到异样，就没什么问题，但要尽可能记着及时更换它。中毒性休克综合征是极其罕见的，也没必要因为这个就完全排斥使用卫生棉条。

随着时间的推移你可能会发现，针对月经的产业制造了非常多的垃圾，因为大多数的产品都是一次性的，除了外包装，卫生棉条和卫生巾本身也是用过一次就会成为不可回收的垃圾。如果想保护好环境和自己的钱包，那么你还有以下这些选择。

月经杯

月经杯是非常酷的东西，它可以像橡胶一样被挤压。你把它推进阴道之后，它就会在里面弹开，吸附在宫颈上，然后留在那里接住经血。

你可以轻松地让月经杯留在阴道里一整天，也就是早上放进去，晚上拿出来。月经结束后把它放在沸水里煮 5 分钟（或者短暂地使用微波炉）消毒。一开始需要练习一下，但是只要用过之后大多数女孩都会成为它的忠实追随者。

月经杯可以在药店或网上买到，它的价格在几十到几百元之间。除此之外，月经杯还会让你更直观地了解到自己在经期流失了多少血。过去你可能认为只有两茶匙的量，用了月经杯你就会知道，它差不多是柔顺剂两瓶盖的量。

生理裤

这种内裤看起来就像一条普通的三角裤，但是你不用在它上面贴上卫生巾，因为它本身就是卫生巾。也就是说，你可以直接让经血流到内裤上。这并不是恶作剧。它不会让你感觉自己的臀部湿漉漉的，也不会让血渗到你的裤子和床单上，所有的东西都得到了保护。你可以像洗普通内裤一样清洗它。

在欧洲，这种生理裤大概 30 ～ 40 欧元一条，它的质量很重要，最好不要轻易买便宜货，质量好的更耐用一些。

关于月经的那些疑问（第二部分）

疑问 1 我能把卫生棉条放在里面一整晚吗？

答案 既然我们应该每隔 3 ～ 4 小时更换一次卫生棉条，那么有人就会思考她们晚上是否得定闹钟，以便能将卫生棉条按时拿出来。因为生产卫生棉条的公司不想招来麻烦，所以他们对此并没有做出特别的说明。但是，我要告诉你：如果你的流血量很大，那么晚上当然要换卫生棉条；如果量不大，可以选择让它留在里面，直到你醒来，没必要定闹钟。

疑问2 **使用卫生棉条很容易感染吗?**

答案 许多人不敢使用卫生棉条，因为她们总是听人说使用卫生棉条容易感染细菌，所以她们来月经的时候绝不会去游泳。这种情况没有那么容易发生！我们的阴道里住着很多有益菌，它们以那儿为家，彼此之间也很友好，像女英雄一样对抗着其他有害菌。不过，你在放入卫生棉条之前，还是要把手洗干净，因为你可能刚乘坐了公交车或者去了城里的某个地方，手上残留了很多有害菌。另外，发生中毒性休克综合征的情况也极为罕见，所以无须担心。

疑问3 **如果还未有过性经历,是不是就不能使用卫生棉条?**

答案 即使没有过性生活，也可以使用卫生棉条。没什么会破掉的，不用担心！

疑问4 **卫生棉条的尺寸能反映一个人性生活的次数吗？粗卫生棉条适合宽松的阴道吗?**

答案 不。卫生棉条的尺寸只和流血量有关，原则上适合每一种阴道。

疑问 5 我怎样才能清除不小心弄到衣物或床单上的血迹?

答案 用小苏打!最好尽快用水冲,然后用手搓洗。

疑问 6 我从来没有把手指伸进过阴道,所以我不敢使用卫生棉条。我该怎么办?

答案 勇敢使用吧。你的阴道并不可怕,她是你的朋友。如果你能把你的一根手指插入鼻孔里,那么你也可以把它插入你的阴道里。就是这么简单。

疑问 7 有时我把卫生棉条放包里时间太久,它的塑料外包装会脱落。我还能使用它吗,还是最好不要用?

答案 如果卫生棉条已经弄脏了,那就扔掉,不要再使用了。你最好把卫生棉条和卫生巾保存在一个专属的小袋子或者小盒子里。

救命，好痛

我们已经知道，当月经来潮时，下腹部会有一种拉扯感，这在一定程度上是正常的。但如果痛经太严重了，导致你每个月都有几天不能上学的话，我们就有必要做点什么了，因为痛经不是必需的。

痛经究竟是一种什么样的感受呢？你会感到一阵一阵的疼痛，就像痉挛一样，疼痛的部位可能在肚脐下方，也有可能在下腹部的一侧。有时痛感还会在背部或者双腿上游走，或者只在一条腿上。有些女孩的痛经非常严重，导致她们坐立不安甚至昏倒被送进急救室，但是这些都是少数情况。

为什么会存在这种没必要的痛经呢？子宫本身是由肌肉组织构成的，为了将血液像柠檬汁一样挤压出来，它会收缩。而有些女孩的子宫会过度收缩，并且分泌引起痛感的物质到血液中，于是就有了痛经。

如何缓解痛经

1. 放一个热水袋在肚子上。
2. 提前吃止痛药。问你的妈妈要布洛芬或者萘普生，对乙酰氨基酚对于痛经的效果比较一般。重要的是你一定要尽早服用止痛药，不要等到痛得不能忍受的时候再吃。这就是它们存在的目的，服用止痛药并不危险，人体也不会对它们产生耐药性。最好是在你刚开始流血的时候就服用。

3. 镁！每天服用一片从药店买来的镁泡腾片，你的痛经会得到缓解。
4. 如果可能的话，做运动吧。它会加速你的血液循环，有助于缓解你的痛经。

如果痛经每个月都折磨着你，那么你就要去看医生了。医生可能会给你开避孕药——避孕药真的有效果。在我的诊所里，很多女孩虽然还未和男孩发生过性关系，但为了治疗痛经会服用我开的避孕药，这样她们就不用再惧怕经期了。你可以和你的医生一起探讨这样的方法是否适合你。当然，你可以让你的妈妈或者爸爸陪你一起去看医生，和大人一起做出决定。

有一种特殊形式的痛经会让你痛不欲生，它叫作子宫内膜异位症。患上这种病意味着你的子宫黏膜——就好比子宫里的“墙纸”——会分布到整个腹腔。因此，当你来月经的时候，这些“墙纸”碎片就会跟着一起流血。子宫内膜异位症相对常见，因此如果你的痛经情况非常严重，吃避孕药也无法缓解，那么你就需要在医院做一个小检查，看看是不是得了子宫内膜异位症。搞清这一点是很重要的，这样你就可以避免遭受不必要的痛苦了。

什么时候寻求帮助

我们可以通过什么时候月经初潮，经血流了多少天，以及流血量是多少来判断自己的月经是否正常。那么，你什么时候应该去看医生呢？请对照自己的月经情况检查一下吧。

1. 如果你 16 岁了还没有来月经。

2. 如果你来月经已经 4 年了，但它还是不规律（规律的话是每月一次）。

3. 如果你的月经曾经是规律的，但现在不来了或者来的次数很少。

4. 如果你一直流血不止或者流血超过 10 天。

5. 如果你的痛经每次都非常严重，甚至严重到了无法上学的程度。

如果有以上情况就去医院吧，医生会给你提供很多有用的建议和技巧。别犹豫，只管问问题吧！

女孩聊天室

朋友： 我不理解。

弗里达： 你不理解啥？

朋友： 我没法把卫生棉条塞进去，根本不行，而且痛得要死。

弗里达： 那你就用卫生巾吧。

朋友： 不。卫生巾太可怕了，总会溢出来。

弗里达： 或许你没有用对卫生巾？

朋友： 有可能。但这不是我关注的点。我想说的是，为什么你用卫生棉条那么轻松？你是怎么做到的？

弗里达： 那你可得听好了，我的朋友。

朋友： 快说吧，别卖关子了。

弗里达: 好吧好吧。有的时候只是心理作用。听起来很蠢，我知道，但或许你还没有准备好。
根据我的经验，一开始都会觉得不舒服。你要去适应它。你把手指伸进去过吗？

朋友： 伸进去过。

弗里达: 你会发现，这跟你的阴道没有关系。慢慢来，真的没问题。
如果你真的等不及了，下次试试凡士林吧，或许有帮助

星期三

朋友： 我确信，刚刚有一个生物体从我下面掉出来了。

弗里达： 啥？

朋友： 真的，我也不知道是什么。有一个块状的东西掉在了马桶里。

弗里达： 原来如此！

朋友： 到底是什么啊？！

弗里达： 你吓死我了。哈哈哈！别担心，那只是由皮肤细胞等诸如此类的东西所组成的血块。

朋友： 这很严重吗？

弗里达： 宝贝，这是正常的。我有时也这样。

朋友： 谢天谢地。

妈妈密语

当我们的孩子迎来初潮，这一定是特别的一天。我认为这个时刻是非常令人感动的。我的女儿弗里达是在五年级的一次体育课时在更衣室里发现自己来月经了（她肯定会埋怨我讲了她的小秘密），然后她简短地发信息告诉我："我来月经了。"其他的女孩在外面敲着厕所的门："开门啊，开门！"——似乎所有人都想观摩一番。弗里达是班里第一个来月经的，其他人并不知道、也无法想象流血到底是什么样的，毕竟她们都还只是孩子。

不管怎样，我很高兴，心情也很轻松，因为月经对她来说不是什么问题，既不需要感到羞耻，也无须到处大肆宣扬。这是自然而然的，是她迈向成长的又一步。

我的妈妈总是很讨厌她的月经。她的流血量很大，以至于在她眼里月经就是老天对她的诅咒。我的姐姐目睹了这种憎恨并将其内化，直到今天，她和经期的关系都很不好，她总是将经期和疼痛、不幸及昏厥联系起来，这让她每次的经期都变得更加糟糕。我想，这就是所谓的反安慰剂效应吧。

因此，我们作为妈妈，对待月经的态度，包括涉及月经的措辞都是非常重要的。每当我在外面听到或者看到"每月的卫生措施"这个词，我都会感到不适，因为这个词是充满羞愧的，它所表达的含义就是在月经期间我们女性是不卫生的——这真的非常糟糕。把月经描述为污秽之物或者可怕的东西是没有任何帮助的，那只能说明连你自己都不接受或者不喜欢你的月经。如果你流血量很大、经期痛感明显，甚至影响到日常生活，那么有这样的想法是可以理解的。但是请你尽量不要把月经带来的痛苦过分地表现出来，你要想到，你的女儿很可能会受到影响并且在心理上留下阴影——这至少会持续到她们自己来月经并且能很好地应对经期之前。

我接触过太多这样的妈妈，她们在女儿开始来月经的时候就直接带她们来我这里，并且在谈话期间多次提到：她们的女儿肯定也会经历像她们那样的痛经。我理解这样的行为当然是出于担心，并想保护女儿免受痛苦，但是女孩却会因此无意识地形成一种看法，那就是她们的经期会不可避免地非常糟糕。其实，大可不必这样，因为没有科学依据表明妈妈的痛经会遗传给女儿。

我们自己通常也会接受上一代人的“信条”：月经是一种诅咒，如果它来得很猛烈，那么这个诅咒就变成了现实；如果它来得很轻松，那么这很可能预示着你以后在生孩子的时候会遇到困难，以此想要传达的潜台词其实就是女人会遭遇各种“不正常”“痛苦”，圆满的生活是不存在的。

因此，当我们的女儿进入青春期，不管是初潮，还是首次接触性，我们都面临这样的时刻——我们的面前出现了一面镜子，它迫使我们重新思考自己以前所相信的东西。

我们（我也不排除在外）会发现，关于月经我们抱有很多陈旧、顽固的观念：它总是让人不舒服，我们需要闻起来像鲜花一样的卫生巾，裤子上的血迹会让人极其尴尬。在美国，我们学习到只有不正经的女孩才会使用卫生棉条，而我们这些女孩是纯洁且有道德的，绝不会使用卫生棉条这样邪恶的东西！因此，当我年轻时，我的一位德国朋友想和我一起去游泳，并在我手里放上一根卫生棉条时，我也略感震惊。我只能非常尴尬地承认我从来没有用过这种东西。我把它拆开并且试图用给药器辅助它进去。不知怎么地，它只进去了一半，没有被完全塞进去，但是我想，它应该算是进去了吧。然而当我进到泳池里的时候，我发现我错了，这根卫生棉条吸满了水而膨胀了，这让人感觉泳裤里有一只死老鼠一样。在非常尴尬和羞愧的情况下，我只能说我身体有点不舒服，然后灰溜溜地回了家。

如果你的女儿对卫生棉条感到好奇，但是自己不敢尝试，那么不要阻止她去查询一些使用方法的视频或攻略，或者去值得信赖的妇科医生那里寻求帮助。此外，你也可以自己指导她，手把手帮助她或者在锁上门的卫生间里指导她，用你们自己喜欢的方式进行即可。

关于痛经，你也可以给你的女儿提供巨大的帮助。你可以提前准备好热水袋或者在她的情况变得糟糕前给她一片止痛药。请试着去接受止痛药的优点，即使通常来说人们不喜欢给孩子用药。不过，布洛芬和萘普生是安全的，只要你不像吃糖那样不停地吃它们。

比起等着疼痛到来，直到无法再忍受，提早服用止痛药效果明显会更好——因为痛起来之后再吃止痛药就没什么用了。你的女儿既不应该独自忍受这种痛，也不应该装作这没什么大不了的样子。你不可以忽视，她还是个孩子，会对经期的这种疼痛感到惊慌、恐惧、不知所措。她无法像大人一样处理这种疼痛，因此保持冷静很重要。

如果万不得已，避孕药也可以用来很好地帮助对抗痛经。当然这需要好好权衡。这些年我陪伴了许多通过服用避孕药来缓解痛经的患者，因为只有吃避孕药才能让她们的痛经不影响日常生活。

我一再强调，你不需要在女儿刚来月经时就带着她去看妇科医生，即使一开始的出血并没有形成规律。可以给你女儿的月经 4 年时间让它变得规律。在这 4 年里，由年轻的身体自己去适应、调整，月经周期可能是3周、6周、8周，甚至12周。请保持冷静，一切都是正常的，还不需要去看医生。

但是如果你女儿的月经一直都很规律，突然几个月不来了，虽然这种情况也可能是正常的，但这背后可能隐藏着别的问题，比如运动过度、饮食失调（或者两者的结合）。如果你觉得有什么不对劲，那可以去咨询一下专业的妇科医生。

如果你女儿到16岁还没来月经，那就应该去医院检查一下了。当然，有些人可能9岁就来月经，有些人15岁才来。但是如果16岁了还没来月经，就有必要做进一步的检查。因为这可能意味着子宫没完全发育好，存在着解剖学上的畸形发育，不过这是极少见的，而且这是医生要去思考的问题，但作为妈妈，你要发现这种情况。

在日常生活中和月经打交道的时候，你也要不断提醒孩子定时更换卫生巾或卫生棉条，而且不要扔到马桶里。女孩们大多在经历了一段时间后能够做到这些，但一开始的时候就让她们注意这些事项是很重要的。此外，她们还要学会随身携带卫生巾或卫生棉条，以防她们或她们的朋友在学校里或在路上突然来了月经。帮助一个什么卫生用品都没带的朋友，是一种可以让年轻女孩变得更亲近的美好经历。

我们的孩子会模仿我们的行为，并且向我们看齐。在新的境遇或者在某种不确定的情况下，她们都会观察妈妈的反应。这和在飞机里突然出现骚乱的情况是相似的：如果机组人员保持镇静，那么乘客也会很快安静下来。面对孩子时，同样如此——我们保持镇定，她们也会不慌不乱。相反，如果我们紧张，感到羞愧或者担心，那么她们也会这样。因此，即使我们的内心已经波涛汹涌，外表也要表现得十分镇定。这样我们才能以最好的方式陪伴我们的女儿走过青春期。

第4章

关于乳房和你的第一个胸罩

两百多万年来，乳房都是女性的象征，每个人都会把它和女性特质联系起来。乳房有各种不同的形状，它们是我们肋骨之上很酷的伙伴，也是男人羡慕我们的东西之一。问卷调查显示，如果男人可以做一天女人，他们都希望能有一对丰满的乳房。

因此，我们不仅要仔细地观察我们的乳房，了解它们，还要真正地喜欢它们。接下来，就让我们一起进入乳房的世界一探究竟吧。

乳房的发育和乳头的类型

当你的乳房开始发育，乳头下方便会形成像坚果一样的物质，并且会时不时地隐隐作痛，这是正常的。这种情况可能会发生在小学四年级时，也有可能到初一才出现，视你的遗传基因而定。紧接着，乳房就开始生长了，有时候你可能会感觉到乳房内部有结节状的肿块，有时会有点痛，这都是正常的发育现象。这个时期，一些女孩的乳房就像小柑橘，它们继续向外生长，就会变成小喇叭的形状。不仅如此，乳头的形状也因人而异。

乳头的形状也各不相同

- **外凸型**：就像刺猬的鼻子，在温度低的时候会竖起来。
- **内陷型**：向里内陷的乳头。你也可能同时有一个外凸型和一个内陷型的乳头。
- **扁平型**：这种乳头或许不是很敏感。
- **颗粒型**：上面长满“痤疮”的乳头。它们实际上是皮脂腺，请你千万不要挤压它们。

顺便说一下，所有类型的乳头都有可能长出体毛！如果它们很长很黑，你可以用镊子将它们拔掉，也可以请你的妈妈帮助你，或者找你的闺密，体验一下女孩之间真正的姐妹情谊。

一些人的乳头比较敏感，尤其在来月经之前会变得超级敏感，而另外一些人的乳头就没什么感觉，几乎从来不会感受到疼痛，在触摸的时候也不会变得敏感。

乳头的颜色呈浅粉色到深棕色，颜色丰富且自然。我总是说，乳房、乳头和阴唇就像不同种类的冰激凌，每一种都不一样，每一种对于自己来说都是完美的。

胸罩——当人们给乳房套上外罩

当你的乳房开始有了发育的征兆，但它们依然很小、很平时，如果你不想戴胸罩，那就不必戴。但如果你的乳房开始晃动，以及在你跑步或者做其他运动的时候你会感到疼痛，那你就需要戴胸罩了。如果你想要一个胸罩，尽管告诉你的妈妈或者爸爸，他们会陪你一起去购买。当然，如果你觉得和妈妈一起去很尴尬，也可以独自去购买，但是你可以提前与他们谈一谈，如果有必要的话，让他们读一下这章最后一部分的内容。

胸罩也有不同的种类，一开始面对这么多种类的胸罩，确实会让人不知所措：半罩杯胸罩、全罩杯胸罩、聚拢胸罩、运动型胸罩、比基尼式胸罩、紧身胸衣，白色、肉色、红色、黑色，带花边的、带钢圈的、没有肩带的……如何找到适合自己的那款胸罩呢？

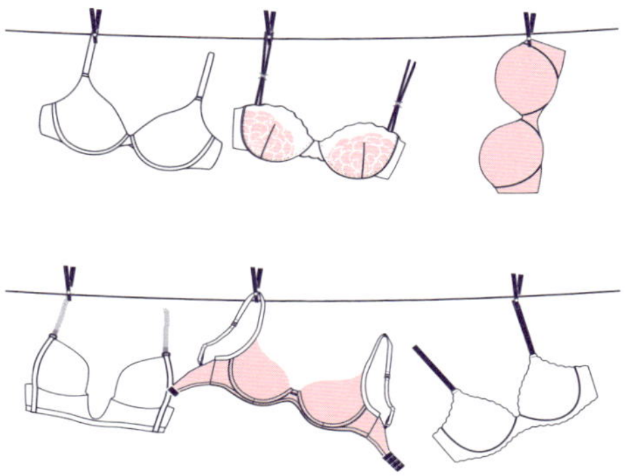

如果你的乳房比较小，那你可以穿紧身胸衣（通常无肩带），它是一种从头上套下来的胸罩，下面有一根松紧带。它也有另外一种可以作为运动内衣穿戴的牢固款式，你可以穿着它跑动、跳跃。穿这种紧身胸衣的话，你的罩杯大小相对来说就没那么重要了，你的胸部看起来更像一个甜甜圈或者半个橙子。你可以根据衣服尺寸（S、M、L）进行选择。

你的胸罩尺寸是由下胸围和罩杯大小来决定的。下胸围就是胸部下面一圈的周长，以厘米为单位测量。因为我们自己很难估算，所以买第一件胸罩时我们最好去一家实体内衣店，那里的女店员精通此事，可以为你量出准确的尺寸。大部分情况下，她会在更衣室里为你用卷尺测量，这也是能让数据最准确的方法。

下胸围通常从 70 cm 开始，在一般的内衣店里最高能达到 95 cm。罩杯大小从 A 到 E，当然还有更大的，具体如下。

A 罩杯 你的胸看起来就像两个马卡龙或者两个甜甜圈。

B 罩杯 你的胸差不多和半个橙子一般大小。

C 罩杯 你的胸差不多像半个葡萄柚一般大小。

D 罩杯 你的胸差不多像半个蜜瓜一般大小。

E 罩杯 你的胸差不多像一个蜜瓜一般大小。

你的胸罩尺寸是这样计算出来的：

胸围＋罩杯＝75 cm+ 半个橙子＝75B

如果你处在两个尺码之间，那么你只能通过试穿才能找到最适合自己的尺码，比如有的时候 75C 比 75B 更合适。因此，去一家正规的内衣店（只销售内衣和内裤的店）很重要。

胸罩的尺寸是在慢慢变化的，最好每 6 ～ 12 个月就要重新测量一次自己的尺寸。因为当胸罩尺寸发生变化时，你自己通常都察觉不到。我到今天还是这样！

另一种常见的胸罩是带搭扣的胸罩，这种胸罩后面一般有三排小金属圈和小钩子。穿这种胸罩时，如果能扣上中间的一排搭扣，那它就是适合你的。如果你需要扣上第一排或者最后一排搭扣才能穿上，那么它就不适合你。因此，当你试穿一款新胸罩时，要先将搭扣扣上，调整好位置，将胸罩套在你的乳房上，它们应该刚好合适，不能太空，前面或者侧面也不能太紧。胸罩应该能够完全包裹住你的胸部，肩带只起到辅助支撑的作用，如果你必须要把肩带调得很紧，那就说明这个胸罩并不适合你。

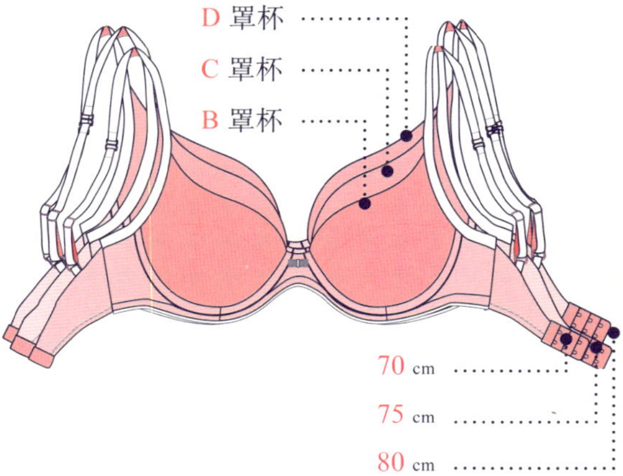

乳房或大或小

你的胸部在你成年后会变成什么样子呢？和你妈妈的一样吗？可能是，也可能不是。这取决于很多因素。但是有一点我可以肯定地告诉你：这并没有什么影响！不管你的乳房是小，是大，还是中等，你都要学会和它和平共处。在此，我有以下建议可供参考。

欢迎加入小胸俱乐部

你的胸像一块板子一样平吗？你想通过穿胸罩让自己的女性特征更明显一些吗？如果胸罩可以说话，那它可能会嘲笑你：明明你什么都没有却还想填满这个罩杯？开个玩笑而已！现在，热烈欢迎你来到由我担任主任多年的小胸俱乐部！我的A罩杯曾经让我很难过，去游泳时会让我感到羞愧。这样的状况持续了很多年，直到我终于懂得小胸也有它的优点！它们小，但是结实，容易被包裹住，不会耷拉着。当我懂得这个道理的时候，我觉得我短袖里面的两个乳房娇小玲珑，十分完美。如果你的小胸让你觉得不舒服，不要再烦恼了，尤其不要尝试用网上那些奇奇怪怪的方法来改变你胸部的大小。作为一名资深A罩杯人士，我将教你们分清哪些是谣言，哪些是事实，哪些事情可以做，以及哪些事情不要做。

/ 可以做 /

请你享受这样一个事实，那就是你可以轻松地穿上露肩连衣裙或露背的上衣，你不会觉得它有些紧或者让人烦躁。

另外，别忘了运动的时候要穿上胸罩。小胸也会晃动并带来疼痛，尤其是在弹跳或跳跃的时候。

/ 不要做 /

不要做大量俯卧撑。什么效果都没有！不管你听了多少次，但事实就是你不可能通过运动改变你胸部的大小！如果你进行了很多训练，你胸部的肌肉会变结实，但是作为腺体附着在肌肉上面的乳房并不会有任何变化。

不要用毛巾或者袜子去填塞胸罩。这很奇怪，也没有必要。这就像男孩子把网球塞进胯部让某些部位看起来更大一样糟糕。

不要寄希望于吃避孕药使胸部变大。这可能会成功，但是也有可能是你的臀部变大了，胸部却没有。或者你的身材还是原来的样子，但你得了偏头痛、长痤疮，或者引发了其他由避孕药带来的不良反应。

不要为了拥有更大的胸部而增重。到最后，你会发现体重比你想要的重得多，你再也穿不上你最喜欢的牛仔裤了，但胸部还是那么小。

不要在网上订购那些乱七八糟的产品。商家承诺会让你的胸部变大，但他们只想挣你的钱。

关于大胸的真心话

虽然小胸俱乐部的女孩想要尽早注销她们的会员资格，但小胸有小胸的好处，相反，大胸也会有大胸的烦恼。如果你 22 岁，那么拥有傲人的曲线和漂亮的胸部肯定会是一件美好的事情，但如果你才 13 岁，这样的身材可能会让人觉得有些奇怪和不合适。如果你 14 岁就拥有了 D 罩杯或者 E 罩杯，男孩子们就会评论你，已经成年的男人甚至会盯着你的胸看，这对女性来说真的是一种负担。在公交车或其他公共场合被陌生人仔细打量是一件很不快的事情。我了解这种目光，它们是令人厌恶的（我当时因为臀部大遭受过这种目光，而我的胸部像板子一样平）。

如果你遇到过这种情况，可能你会想一直穿宽松的衣服，这样别人就看不到你的胸。或者不愿意去内衣店，而只在网上购买胸罩。也可能导致你无意识地含胸跑步，认为这样你的胸部才不会太过于引人注目。

那什么能够帮到你呢？现在我只能告诉你，什么都没有用——节食或者疯狂运动，都无济于事。真的，你的胸依然是原来的样子，戴一个小胸罩或者趴着睡觉都没有用，你的胸不会变小。

假设你 16 岁时，胸部已经完成发育，那就意味着胸腺不会再成长，这之后即使你的胸罩尺寸会发生一点儿变化，但也不会有大幅度的改变。如果 16 岁的你正因为胸部大而感到困扰，比如，你的胸罩肩带总是勒着你，你的背部时常感到疼痛，你只敢含胸走路或者在忍受着极大的自我折磨，那么请你和你的妈妈或者医生谈一谈，是否需要做手术或者什么时候做手术合适。一般来说，我建议你们再等一等，因为胸部手术是一件大事，而且你的胸部还是会不断变化的。除此之外，手术也可能会不成功或者结果让你不满意。但对于一些女孩来说，缩胸手术能够在很大程度上减轻她们的精神压力，甚至是一种解脱。这些你都可以和妈妈、医生详细地谈一谈。

如果两侧乳房大小不同怎么办

这种情况是存在的，而且很多人都这样。乳房在发育过程中大小不同，这是正常的。一侧乳房就像装入了发动机一般快速发育，而另一侧只是缓慢跟随。即使在完全发育后，我们的双乳也不会像同卵双胞胎那样一模一样。它们看起来很像，但是在大小上有细微的差别也是完全正常的。

有些女孩无法找到合适的胸罩，因为罩杯不是太大就是太小。如果你的双乳是不同的罩杯大小，那你就需要去和医生谈一谈了。如果两侧乳房无法对齐，则有必要进行手术。不单单是因为外观，而是因为随着时间的推移，你可能会形成另一种体态，并且开始无意识地弓背。通常来说，至少到 16 岁才能进行手术，但是最好等到 18 岁以后，这需要慎重考虑，但提前做好咨询并没有坏处。如果 18 ～ 19 岁的时候你的双乳还存在明显的大小差异，你可以和你的妈妈、医生一起做出最佳决定。

所有的乳房都值得被爱

你们当中有谁认为自己的身体原本的样子就很完美且正常？请举手！我想看到你们的手！

好吧，我也没有这么想。

这是正常的。

我们所有人随时都能在社交媒体或者其他地方接收到各种信息，这些信息告诉我们，我们看起来是什么样子。在照片墙（Instagram）上充斥着各种被修饰过的、所谓的完美身材和脸庞，她们摆出来的姿势甚至都是一样的。在这些性感帖子下面，还有一些让人无语的男人会写下诸如“真风骚”这样的评论……这些躲在网络世界里的“键盘侠”可能整天在地下室里打游戏，连买睡衣都还需要自己妈妈帮忙。因此，这些人的评论不值一听。

我想说的是，当你看到一个自己很想拥有的身材或者只是一对胸部，你可能会短暂地感到心情很差，这很正常，但是你不应该一直这样，这也是我写这部分内容的意义。因为有一个亘古不变的秘密，这个秘密是社交媒体和广告制作人永远不想让你知道的。

这个秘密就是——

即使你的胸部很完美，你的臀部也完美无瑕，你的皮肤没有任何问题，你的生活也还是和现在一样。

你不会因此而变得更幽默、更美丽、更机智，甚至更性感。你也不会因此拥有更多的朋友。你不会更幸福，不会更有钱，你在学校里的表现也不会更好。总之，你的生活不会因为这些而变样。

我们受欢迎、受青睐，以及被爱的原因绝不只是因为我们拥有完美的胸部或完美的臀部，而是我们所有的一切。我们认识的一些人，她们可能看起来不完美，但她们却非常受欢迎、有趣、有疯狂的想法，我们喜欢与她们在一起，因为我们可以和她们一起做有意思的事。她们以自己的方式闪耀着光芒。

我也认识一些这样的女孩，她们喜欢在社交媒体上展示自己的身材，但她们的生活其实很无聊，思想贫乏。外在的东西并没有起到实质性的作用，她们并没有发光，甚至很快就会被遗忘。她们也许只想到要靠外貌获得一些名气，却没有人告诉她们，她们身上其他的品质更能发光、发热。她们应该得到我们的支持，而不是嫉妒和憎恨。

我们的身体和照片墙上的账号是一样的。有些账号里都是一些无聊的“迷人”图片，这些图片展示的都是一些修过图的脸，虚假且带着稚气的大眼睛，还有虚假的完美曲线，这些图片没有什么有趣的内容，只是为了“秀”而设计的。当然还有一些账号有趣又与众不同，它们展示了真实的生活，我觉得这很酷。这正是我们的现状——在生活中，我们需要真实的东西，不需要赝品。这个道理适用于品牌，也适用于个人。

但很多时候，即使你知道这些道理，你还是很难过，希望自己身体的某些方面能够有所不同。你的这些感受是完全合理的，我们所有人都这样。但是你还需要知道另一个道理，那就是所有人都不是完美的。

现在，我来教你一个小技巧。你还记得外阴和镜子的练习吗？对于身体的其他部位，我们也可以这样做。

当你下一次在镜子前注视你的乳房（或者身体的其他部位）时，找到你自己比较满意的地方。每个人都有自己觉得满意的地方。不要对自己说：“啊，太丑了”，而是要告诉自己，你的皮肤或者眼睛是多么美。也许你的头发很柔顺，或许你的臀部拥有优美的曲线，或者你的肚脐很可爱。每个人，真的是每个人都有美好的地方！

如果你真的觉得很难找到自己美好的地方，那就去询问一位你信任的朋友，问问她觉得你哪里特别好或者很漂亮。你也可以真诚地为她做同样的事情——相信我，她也需要听到这些，因为她和你一样迷茫。

当你每次照镜子的时候你都要这样做，其他的地方不要去关注。随着时间的推移，你的大脑会和你玩一个诡计——它会让你不喜欢的东西“消失”，并且会自动地寻找你认为好的方面。

女孩聊天室

朋友： 弗里达，紧急求助！

弗里达： 咋啦？

朋友： 我突然发现我左边的乳房要比右边的大得多。

弗里达： 原来你说的是这个啊。

朋友： 这很糟糕吧？会不会是长了个肿瘤？

弗里达： 绝对不是。

朋友： 可是看起来好难看啊，而且我觉得很尴尬。

弗里达： 听着，我可以真诚地告诉你，这完全正常。

*朋友：*但是它看起来就是很奇怪啊。

*弗里达：*现在你有两个选择。要么我给你写一篇 600 字以上的作文，告诉你为什么拥有完美身材的女性只会出现在社交媒体，而不是现实生活中。要么你就停止你的胡思乱想。

*朋友：*那我还是选第二个吧。

星期一

*朋友：*弗里达！你怎么处理乳头上的痤疮？

弗里达：……

*朋友：*这些在乳头上的痤疮真的很奇怪。我尝试着把它们挤出来，但是好痛。

*弗里达：*不要动它们，保持原样。

*弗里达：*它们是我们的朋友。

朋友：但是它们看起来很丑。

弗里达：它们不是痤疮，就像是比萨饼上撒的辣椒。

朋友：为什么会长这个东西呢？

弗里达：它们是皮脂腺……赶快去洗手！否则会发炎，你的乳头会结痂并且流脓。不要弄了！

妈妈密语

你还能回忆起当你发现自己胸部开始发育时的感受吗？我记得非常清楚，当时的情景是这样的：我妈妈的一个朋友对我胸部开始发育这件事感到非常高兴。她和其他几位女士来我家喝咖啡、吃蛋糕，还给我带来了几件上衣，并催促我立即在客厅里试一试这些衣服。阿姨们的理由是“我们都是女人了”。我当时试了一件女士衬衫并且尝试把我刚发育的胸部藏起来，结果这位女士趁我不备，撩开我的衬衫，还用指尖触摸我的胸部。尽管我提出了抗议，对方却没有收手，反而很高兴，咖啡派对上的其他女士也一样，觉得这很有趣。所有人都在尽情地笑，而我的脸变得通红，我赶紧拉好衬衫，跑出了客厅。

那是 20 世纪 70 年代，人与人之间还不在意边界感，对孩子就更不会了。这位女士想要表达的是她为我进入成年女性的世界而感到高兴。即使今天不再有人如此鲁莽地去破坏一个陌生孩子的私人空间，但我们所有人也要时刻提醒自己，至少一开始就要考虑好孩子进入青春期后我们应该如何表达自己的感受，不要不假思索地就随意说出来。

因为孩子们通常无法理解成年人的这种喜悦，也不信任我们对女性气质的推销。最后，她们只会得到一系列非常混乱的信息：到目前为止，你的身体运行良好，但你的身体开始散发气味；你身体会长满体毛；你的生殖器会流血；不管你有没有准备好，你都会获得女性的身体，你的胸部和臀部会吸引各个年龄段男性的关注，你也会被按照某个标准来进行评判与比较……

许多女孩并不会因为自己看起来像个成年人了而感到开心。尽管她们已经开始尝试独立，如把房间变成只属于自己的王国，别人进入之前必须敲门，但她们对于自己身体上的变化还是会感到不安与不知所措，有些女孩甚至会感到厌恶。一方面，她们想告别童年；另一方面，她们又不想在一夜之间变成一个成年女性的样子。她们想在童年的安全港口里慢慢走向外面的世界，在《口袋妖怪》和说唱之间，在动画片和指甲油之间摇摆，至少思想上是这样的。但身体却不同：它指明了前进的方向并规定了速度，完全不考虑你的女儿是否准备好了。换句话说，她们并没有被询问什么适合她们。因此，她们才需要细心的引导。

如果你注意到你的女儿需要胸罩了，那你就该提议和她一起去一家内衣店。有些女孩希望你在身边，有些女孩则想要你走开。如果是后一种情况，你就找一家你常去的商店，或者一位你熟悉的店员，让她和你的女儿单独解决。

如果你出于某种原因担心女儿的胸部发育出现问题，那么请随时和妇科医生谈一谈，听听医生是怎么说的。有时会感到正在发育的胸部有点痛，或者出现两侧的乳房发育不一致的情况，但之后可能都会慢慢地自行调整过来。了解一些医学知识是很有必要的，这样，一旦出现医学问题的苗头，比如乳房变得超级大或者超级重，那么你就能及时留意到。因为这些受胸部发育问题折磨的女孩通常会想自己去寻找解决的方法，而她们求助的地方恰恰是鱼龙混杂的网络世界。网络上充斥着很多所谓能改变胸部大小的增重或减重建议，而这些建议最后都会导致饮食失调。她们可能会在社交媒体上交流一定能让胸部尺寸变大一两个罩杯的激素类药物，还会交流怎样在大人不知情的情况下买到这些药物。目前没有研究能证明某些药物中的类激素成分可以让胸部发生变化，我相信也不会有医生为她们开具这类药物，只是为了帮助她们增大胸部。

做手术的事也同样需要深思熟虑，虽然手术确实可以让胸部变大或者变小，但这终究是个人的决定，也是一件需要等待时机的事情。如果只是为了让胸变小就对一个 14 岁的女孩动刀，这是绝对不合适的。但是如果你的女儿到了 17 岁或者 18 岁，她的胸还是非常大，并给她带来了严重的精神负担，或者她一侧的乳房发育停留在了 A 罩杯，而另一侧乳房却达到了 C 罩杯，那就应该找一个可靠的整形外科医生好好咨询一下了。我建议在决定主刀医生之前，征求两三种意见，而且你一定要想清楚：这虽然不是一场生死攸关的大手术，但它涉及全身麻醉，做手术的是你的孩子。你的女儿也必须清楚手术干预之后的一些情况：必须卧床休息，不能去参加派对，会很痛。因此，在做决定前，听取各方意见并留出考虑的时间是非常重要的。

虽然你需要留意女儿胸部的发育情况，但同时要带着平静的心情去理解她。很多女孩可能察觉不到自己的胸部变化，这个时候你就要多加留意她的胸罩尺寸是否还合适。在后背与胸罩的搭扣之间应该可以放下两根手指。许多胸罩在多次洗涤后会变形，因此，时间长了要及时换新。

既然说到这儿了，不妨回想一下你上一次测量胸部尺寸是什么时候。关系到自己胸部的时候我们经常是茫然的，我也是如此。或许一起购买内衣会成为你们母女间的一种“传统”，买完你们还会一起去吃比萨。但这只是很短暂的一段时间，等过了这段时间，你的女儿会想去其他内衣店看看，那儿有紧身胸衣、吊带衫等各种时下流行的款式。是的，这样的时刻一定会到来，而且大多数时候她们只想自己一个人去。

第5章

准备好去看妇科

“我不会去看妇科的，你可以把这件事忘了！！！”

“可恶，我不要去妇科！！！”

“不，我从不去那里。”

“我不要！！！”

以上这些是在我解释妇科检查的短视频社交平台（Tiktok）视频下面能看到的最典型的评论。

对我来说，这些检查都是非常正常的事情，但对于许多女孩来说，妇科检查似乎会让她们感到十分恐惧，以至于她们拒绝去看妇科。这样的心态不仅没有必要，而且还很危险。

在本章中，你会简便快捷地学到在妇科检查时会遇到什么、不会遇到什么。让我们先从一些“假新闻”和“事实”开始吧。

假新闻 *vs.* 事实

假新闻 1 号

你必须坐在那把令人毛骨悚然的椅子上，裸露下半身，让冰冷的仪器插进你的阴道里，你会非常非常痛。所有人都看向你的双腿之间，无比尴尬。

事 实

我们妇科医生是非常擅长谈话的。我们想要知道你是谁，你需要什么，你遇到了什么样的问题，什么使你感到迷茫。我们只会在有必要的时候才对你进行检查，不会轻易地检查，更不会在违背你意愿的情况下对你使用仪器！也没有人会尝试说服、劝说你。如果一定要做检查，检查也是很简单的，不会让你感到疼痛，而且进行得很快。它或许会让你有一点儿尴尬，因为医生确实要看向你的阴道。

假新闻 2 号

妇科医生都有些古怪。女妇科医生都很凶，男妇科医生都是变态。

事 实

太可笑了！我们妇科医生和其他普通人一样，我们选择这份职业是因为我们热爱科学。我认识的大多数男性妇科医生，他们之所以成为妇科医生是因为他们非常体谅女性，他们想成为能帮助女性的超级英雄。

假新闻 3 号

如果你已经有了性行为，一定会遭到谴责。她们能通过检查发现你有过性行为，然后告诉你的父母。

事 实

我们不会谴责任何一个已经有性行为的人，真的不会。我们自己也曾经是青少年，我们当中的一部分人在和你们差不多的年纪时也有过性行为。我们当中的许多人直到今天还有性行为。我们不会对你们的父母说任何事情，除非你处在某种危险当中。我来举一个例子：如果我遇到一个 13 岁的女患者，她从她叔叔那里传染上了性病，那我必须要告诉她的父母。其他非紧急情况下我们会选择沉默。

假新闻 4 号

如果你不剃毛或者汗淋淋的，妇科女医生会觉得非常恶心。她们整天都在看这些恶心的东西。

事 实

不管你剃没剃毛，不管你下面是汗淋淋的还是干燥的，对于我们来说真的无所谓。真的，我们只是查看一切是否正常，不会去看你的阴毛。

生存指南——第一次看妇科

第一次看妇科应该选在什么时候？这个问题其实非常简单，可以参考以下情况。

如果你对你的外阴有疑问（无论是外阴颜色，还是出现了有痛感的疹子，还是有向内生长的阴毛，等等）；

经期出现问题或者痛经；

性行为后感到不适；

因性行为而需要避孕；

乳房出现了问题；

因为严重的痤疮或痛经想服用避孕药……

如果你第一次去看妇科，可以请你的妈妈帮你挂号并陪着你一起去。你也可以咨询朋友，问问能否给你推荐一位熟悉的医生，然后你自己在网上预约挂号。

你不必独自一人去看妇科医生，你每次都可以带上一位女性朋友或者女性长辈，当然也可以带上你的妈妈一同前去。到了预约的时间，你就带着你的就诊卡、医保卡等证件，在挂号处取号，然后在就诊室门口等叫号就行了。医生可能会让你做一个尿液检查，这只是例行公事，你不用感到惊慌。

轮到你的时候，你就会被叫到医生那里。然后你就可以尽情地问医生问题，你不必感到尴尬。作为妇科医生，我在任何地方都会被提问——在理发师那里，在出租车上，在社交软件上……甚至在未征得我同意的情况下，他们就会给我看或者给我发送图片，向我讲述各种各样的故事及大大小小的问题。不管是在哪个国家，什么时间，都有这种情况发生。因此，尽管问吧！

身为一名妇科医生，我除了充当女性身体知识的百科全书之外，另外一个任务就是看看你是否健康——大多数情况下，女性在没有性行为之前都是健康的。因此，我们只会在你想要检查时才对你进行检查，一般情况下，我们只会让你做常规检查，或者当你有了性行为，由于男性带来的细菌、病毒等让你的外阴感到瘙痒和潮湿时，尤其是当你在没有保护措施的情况下发生性行为时，则需要进一步检查。

在检查之前，你必须要脱掉你的外裤和内裤。有些诊所或医院会在诊室的角落里设置隔间或帘子，这能为你提供一点儿私人空间。在那里，你的下半身必须一丝不挂，然后你就看到了它——传说中的妇科检查椅。

许多人害怕这把椅子，坦白来讲，它看起来确实有点恐怖，因为它有伸到半空中的脚托，而且这个房间看起来还很冷，你肯定会觉得不太舒服。这一点我很理解。但如果你信任你的妇科医生，那么接下来的事情就不会成为什么问题。

首先你得爬上椅子，也就是坐上去并且靠后躺好，然后把你的腿分别放在左右两边的支架上，将臀部滑到椅子的边缘处。诀窍就是放松！眼睛看向天花板，和你的医生或者护士聊聊天，让自己完全放松下来。

我们会用聚光灯照亮你的外阴，并用一个名为“扩阴器”

的医用器械将你的阴唇分开。阴道就像一只收紧的袜子，我们必须将阴道撑开，才能看到阴道的底部——也就是你的子宫颈。子宫颈是很容易感染性病和发生其他问题的部位，因此对于医生来说，用一把类似洗瓶刷的迷你刷子伸到里面，轻轻刷取子宫颈上的细胞，然后对其进行检查，是非常重要的一步。整个过程持续 15 ～ 20 秒。

妇科检查小技巧

妇科检查是这么回事——光着下半身半躺在诊室里。非常冷，你会感到不舒服，在房间里的每个人（也就是医生和其助手）都能看到你的外阴。

可能会这样，但也不是必须这样。你可以从家里带一条毛巾过来！这样当你从小隔间走出来的时候，你就可以把自己包裹起来，你也可以把它放在检查椅上，垫在臀部下面，这样在做检查的时候会舒服一些。有人也会穿上一条用于妇科检查的短裙，去检查的时候穿上它，那么在检查过程中你只需要脱下内裤就行了。

然后我们会用一根手指伸入你的阴道，再用另一只手从外面触摸你的子宫。有时你可能也需要进行超声检查，这种检查通常分两种，一种是将 B 超探头放入阴道的经阴道超声检查；

另一种则是将 B 超探头放在腹部外侧的经腹部超声检查。利用超声波，我们可以仔细地检查你的器官，看清楚一切是否运作正常。例如，通过超声检查，可以发现你痛经或者月经迟迟不来的原因。

整个检查过程大致就是这样。总的来说检查时间不长，然后你就可以重新穿好衣服，你的医生会向你说明检查的各种情况，并且告诉你是否需要复诊，以及什么时候来复诊。

总而言之，有一件事情非常重要——你必须让自己感到舒适！如果接待你的护士或医生一开始并不友好或者极不耐烦，并且只用医学术语与你交谈，导致你都不敢提问题，那么这位医生并不适合你，你最好换个医生试试。

外阴为什么会瘙痒和潮湿

我们究竟在检查什么？我们究竟想知道什么？除了检查你的月经有没有什么问题之外，我们也会检查一些你很难注意到的东西——细菌。通常情况下，我们的身体上或者身体里到处都是细菌，但不是所有的细菌都是坏的，它们当中有一些甚至是对身体有益的，比如你阴道里的有益菌就属于这类，它们能够帮助阴道抵抗外部的细菌。这种细菌联盟也叫阴道菌群，它主要由乳酸菌构成。但是在某些情况下（比如，香皂对于阴道来说就是克星），我们阴道里的好细菌会屈服，坏细菌会趁机打开层层大门，占领你的阴道，这就会让你生病。有些疾病虽然无法立即被发现，但也是能够预防的。让我们来具体看看有哪些疾病吧。

人乳头瘤病毒

人乳头瘤病毒（human papilloma virus，HPV）能够引起特殊的疾病。这种病毒容易在进行没有防护措施的性行为时感染上。它们喜欢附着在子宫颈周围，会引起一些病变，甚至在 10 年后可能会导致癌变。它的一些亚型还会导致外阴或阴道里长出疣。坏消息到此为止。好消息是在很多情况下，我们的身体能够自动清除这种病毒，就像患上感冒可以自愈一样。若想保证自己的安全，那么从 9 岁开始就可以接种 HPV 疫苗（有的国家规定 14 岁才可以接种，具体可咨询当地卫生部门）。不论是女孩子还是成年女性都可以接种。

生殖器疱疹

这种非常糟糕的病毒会让你的阴唇长出小水疱，并且反复出现。它们会让你感觉非常疼痛，而且具有传染性，传染通常是依靠性传播方式。但是男人们就算得了疱疹，也可能很长时间都不会发现，因此如果和一个男人认识的时间不长，那么进行性行为时一定要一直使用避孕套。

厕所真的有那么危险吗?

有多少种性病是在厕所里感染上的?

不是 4 种……

也不是 5 种……

不是……

没有，1 种都没有。

如果被确诊了，那么大概率是从伴侣那里传染的。公平来说，大多数时候他们自己都不知道自己已经得了性病，因此，用避孕套是很重要的!

衣原体

这是一种非常狡诈的病原体，你不会发现它们，你的伴侣也不会。它们会悄悄地进入你的身体并引起疼痛和大量的分泌物，最糟糕的情况下，它们还会进入输卵管，阻碍你未来怀孕和生产。在 25 岁之前，可以通过定期的尿液检查来判断是否感染了衣原体。

淋球菌

淋球菌也是非常恼人的细菌。它会引起子宫颈或者输卵管化脓性感染。淋球菌也极易引起阴道入口处的腺体，即前庭大腺发炎。它会附着在阴道入口的左侧或者右侧，引起阴道的疼痛和肿胀，你会感觉里面像被塞入了一个高尔夫球。如果你出现不明的分泌物（或者出现疼痛或肿胀），请你立即去看妇科医生。此外，淋球菌喜欢隐藏，在你发现它之前，它其实已经附着很久了。一开始它可能只会引起很少的症状，如疼痛和不明分泌物。因此，我们要时刻观察自己有没有奇怪的分泌物。

那么，当没有症状或者症状很轻时，如何判断自己是否患上了性传播疾病呢？阴道分泌物与以往不同，或者有臭味、引起瘙痒，那么这可能就是一个信号，但也不一定就是生病的信号！比如说阴道霉菌就是相对无辜的，如果阴道菌群因为抗生素、香皂、氯水或者只是持续的生活压力而受到了干扰，阴道里就很容易出现霉菌。你不会通过性行为而感染霉菌，因为霉菌在男性的包皮下很难生存，也就难以在男性生殖器上附着。

菌群失衡也会引起具有鱼腥味的分泌物，在进行性行为后也可能会出现这种分泌物。原因大多是阴道因为性行为而感受到了压力，于是友好的细菌就不能再牵制其他细菌了。这不是性病，只是一种不适，是阴道的一种情绪，会持续到她再次平复心情。如果你的阴道一直未能平复，那么请你去看妇科医生，我们对所有的问题都有解决方法。

因此，妇科医生的工作就是发现这些问题并且在它们还处于发展的初始阶段就遏制住它们。但是有些疾病是我们按照常规做法也无法控制的，其中就有艾滋病和肝炎。这些病比较少见，并且只能通过血液检查判定。更重要的是，这些疾病都是在进行无避孕套的性行为时感染上的。因此，请一定认清并重视避孕套的重要性！

女孩聊天室

朋友： 亲爱的。

弗里达： 在。

朋友： 我妈刚给我预约了一个妇科医生的号。

弗里达： 怎么了？你身体出问题了吗？

朋友： 没有，只是例行检查。但问题是我发现那是个男医生，不是女医生。

弗里达： 啊，那确实是个问题

朋友： 是吧？总感觉怪怪的

弗里达： 不过，也不用太担心。他们都是专业的，而且必须是专业的。
你想想，他一天接诊多少个女性。他肯定懂你的害怕和担心。
如果你实在无法接受，就请你妈妈约另外一个医生吧。

*朋友：*看样子他是最近唯一能约上的医生。

*弗里达：*我也不知道还能说些什么。生活中的有些事情是我们必须要经历的。你要证明自己有这个能力

*朋友：*我会努力克服的

星期四

*朋友：*嗨！

*弗里达：*在呢！

*朋友：*你妈妈能开避孕药吗？

*弗里达：*是不能让你妈妈知道吗，还是？

*朋友：*如果我去我妈妈的妇科医生那儿，他肯定会告诉她的。

*弗里达：*如果你不愿意让你妈妈知道，他不一定会说的。

*朋友：*我妈如果知道我需要避孕的话，一定会揍我的。

*弗里达：*坦白来说她应该高兴，因为你知道要避孕，这是很负责的表现。我可以跟她谈一谈，总有一天你妈妈会知道的。我都能想象她那个时候会是什么反应。

*弗里达：*我妈肯定不想掺和进来。

*朋友：*我知道……你不用担心啦，我就是问问。

妈妈密语

妈妈们问得最多的一个问题就是她们的女儿究竟应该在什么时候首次去看妇科医生。如果是看牙医的话，这个问题的答案就很清楚——只要孩子长了第一颗牙就可以去。然而人是带着生殖器来到这个世界的，那么问题就来了——是到了青春期就要去看妇科医生吗？还是月经初潮就要去？还是等发生了性行为再去？

我的回答很简单，也很明确，那就是如果你的女儿月经出现问题，那就需要看妇科医生。我们和儿科医生不同，我们不会在你的女儿没有任何问题的情况下，只是为了看看一切是否正常而做一些预防性的检查。假如我强调得还不够多，那么请容许我再说一下：只是因为女儿在合适的年龄来了月经初潮就拉着她去看妇科医生，这是没有任何道理的。只有到 16 岁的时候还没来月经，或者她的痛经特别严重的话，我才会建议她去看妇科医生。如果她 8 岁就来了月经，我也推荐她去看医生，但是最好去看儿科医生。

如果你有例行去熟悉的医院做妇科检查的习惯，那你下次去的时候可以带上女儿，这样她就可以在你的陪同下体验这些检查。比如你去医院做宫颈癌筛查，这时候你的女儿就不认为自己会被当成焦点，随时要被问一些尴尬的问题。

正如我们所知，女孩会学习榜样。如果我们轻松地去看妇科医生，那么这也会减少她们的心理障碍。但如果你的女儿不愿意和你一起去，或者在你不知道的情况下自己约了一个时间，你也不用失望。这证明此时女孩在潜意识里已经清楚地意识到，青春期是一个与童年分离的时期。第一次去看妇科医生绝对是一个里程碑，或者说是迈向成年的一大步。在没有妈妈的陪伴下走出这一步并不一定意味着她想向你隐瞒了什么，不要认为是她有男朋友不愿告诉你，或者说她想要尝试性行为了，而是可以理解为她想要独立。从现在开始，一切与童年有关的东西都会遭到她的拒绝。

如果你担心她第一次去看妇科医生，你当然可以陪着她，只要她愿意。在她做检查的时候，如果她害怕，你要保持镇定，在这之前也一样！在面临新的情况时女儿是向我们看齐的。如果我们表现得很酷，那么她们也会很酷。

如果你的女儿不愿意你一起进去或者想要在你不在场的情况下和医生谈话，那么请尊重她。医生有保密的义务——我们为一切合理的事情保密。如果女儿想要避孕药又不想让你知道这件事情，那就十分棘手。我曾有过这样的经历，一位妈妈给了我一个“脚本”，让我劝阻她的女儿使用避孕药，因为她觉得没有避孕药的话，孩子尝试性行为的可能性就会变小。很遗憾，这其实是谬论。如果青少年想要有性行为，她们总能找到办法。

她想要避孕药，也不意味着她想要在你面前隐瞒些什么。女孩们经常在一起聊天，如果她的朋友通过服用避孕药而摆脱了糟糕的痤疮，那么这很可能成为你女儿也想要避孕药的原因。

当涉及避孕药这个话题的时候，我总是尝试让妈妈们也参与进来。主要是让她们更加关注药物的不良反应。要知道，避孕药会引起情绪的波动，这可能会给整个家庭带来负面影响。在极少数的情况下甚至会发展为临床上的抑郁症。

青春期不仅让我们的身体发生了变化——如果真的只是这样就好了，心理上的变化其实更大、更明显，我们和女儿都必须应对这些变化。我们将在下一章中讨论这个话题，在那里，我们将进入青少年复杂的心理世界。不要担心，我会陪着你们的。

第6章

魔法、情绪和心理健康

虽然我们素未谋面，但是我可以非常肯定地告诉你："我对你和你现在正在经历的一切致以最高敬意。"

至此，我们已经了解，在整个青春期你身体的各个部分都在经历变化：身材、器官、体毛，甚至是身上的气味。但是最重要的器官我们还没有谈到——你的大脑，它所经历的变化要远超其他器官。我的小可爱们，你的大脑正在生长，并且沐浴在一杯激素鸡尾酒里，这种鸡尾酒有点刺激，有时能操控你的思想和情绪，使你走向极端。

青春期的大脑是一个奇妙的东西。它为你打开看世界的视野，让你快速地学习、灵活地适应。对此，我们医生会说，你的大脑是"可塑的"，并具备重建能力。这和塑料、合成材料、再循环没什么关系，它的意思是大脑可以被塑造，以自己的模式进行变化。大脑的有些部分在你童年时期并没有被使用到，但是现在它们慢慢被激活，并被投入使用了。这改变了你，改变了你的思想，也改变了你的感觉。

是的，你的感觉由你的大脑产生。

感觉是强大而有影响力的，它会促使你思考之前从未想过的事情。它能让你进入不同的情绪，这些情绪有时候你自己都无法理解。你的大脑能做很多事情，比你想象得更多，只是它无法一下子完成所有的事。你或许已经知道，在我们的大脑里存在不同的区域，它们有各自的分工，但问题是这些不同的部位并不会同时觉醒，而是陆陆续续地“醒来”。

大脑的某些部分对激素，也就是我们的飞天小女警极度敏感。而且根据不同激素主导的身体部位不同，你的情绪也会相应地发生变化。让我们来回忆一下。

泡泡是浪漫的、需要爱的、深情的，它是雌激素。

花花是平静的、冷静的，它是孕激素。

毛毛是好斗的、勇敢无畏的，它是睾酮。

如果这三种激素协调一致，那么你既不会太悲伤也不会过于兴奋，更不会对你周围的人怀有敌意。但是它们可能需要数年时间才能达到平衡状态，除此之外还有一些特殊阶段，比如经期前，许多人的情绪要比平常更加糟糕。

我们的大脑已经熟悉这些激素，一般情况下并不会出现什么问题。唯有青春期，大脑中负责情感的区域会对激素变得超级敏感。具体来说，如果泡泡（雌激素）过多、过强，我们就会变得情绪化、缺乏安全感，会有悲伤、沉重的情感，以及糟糕甚至黑暗的想法会淹没我们。花花（孕激素）分泌得多的话，我们就会蜷缩在家里，只想睡觉。如果分泌出太多的毛毛（睾酮），我们会变得激进，周围的一切都让我们无比烦躁。

当你发觉自己正在经历这些强烈的情绪，却不知道为什么会这样时，你自然会感觉压力巨大！而且，我们本身就很容易受到各种压力的影响，而变得情绪化，直到我们再也无法忍受为止。恐惧、不安、空虚和无力感会影响我们一整天、几周甚至几个月。我们大脑中负责情感和冲动的区域叫作杏仁核，它是我们大脑中非常古老的部分。两栖动物和爬行动物仍将这个区域作为它们大脑的主要部分。我们的大脑像壁虎一样拥有反射功能，它能够快速反应。这种功能在青春期受我们的激素引导，会以最大的能量暴发出所有的情绪，而这种能量有时让人不知所措，最终导致激烈的情感暴发，做出如摔门、对家人大吼大叫等行为。

你有没有想过，为什么你身边的成年人反应都比较温和且没有那么情绪化呢？这不仅因为他们更成熟、更有经验，还因为他们大脑里有更好的工具在情绪暴发之前为他们整理情绪和想法。有一个工具对于控制情绪来说特别重要，那就是额叶。它是大脑的一部分，位于额头的后方。它就像一个过滤器，可以把你的情绪调节得更加柔和。但是这种工具要到青春期后期才能“上线”，这就是年龄较大的女孩和成年女性能够更好地处理情绪的真正原因。但是只有大脑发育完善之后，她们才能够这样。你身边的成年女性和她们的妈妈一定也有过争吵和情感暴发的时刻，而且我敢打赌，你的祖父母们可不会像你的妈妈容忍你们那样去容忍他们。我们当中的大多数人在青春期的时候都被要求“闭嘴”。

因此，在你的大脑能够很好地调节你的情绪之前，很多事情都会令你感到困惑。你的意识在发生变化，你看到的世界越来越大，或许你会开始用不同的眼光看待你的家人，甚至会冒出你过去不曾有过的想法，这都会让你感到害怕。怎么办呢？以前还是孩子的时候，一切是那么简单，但是现在呢？现在，问题出现了。相信我，下面这些问题是大家在这个阶段都会想到的。

- *我是谁？*
- *我属于谁或哪里？*

- *我想成为什么样的人？*
- *生命的意义是什么？*

单单“我是谁”这个问题就让人备感压力。而不知道其中的答案，又增加了这种压力。我们多么希望也能拥有一顶《哈利波特》中会说话的帽子，戴上之后，它就会告诉你应该属于哪里、你的强项、你可以做的事情、你的部落、你的伙伴，并且给你的归宿一个肯定的答案。

可惜这样的帽子只存在于我们的想象里。你必须独自走过青春期这条美妙的成长之路。在某个时刻，你会清楚地看见这条路，但更多时候，这些路只有在你走到的时候才会出现。有时我们必须等待，有些问题的答案会随着时间的推移而到来，生活会给我们指引。尽管如此，这一切的不确定性还是会带来不小的精神压力，导致我们出现情绪上的高潮和低谷，很多时候连你自己都不能理解情绪为何突然降临。

情绪上的起起伏伏可能会持续数年（我没有半点夸张），这也是为什么我在开头说你得到了我最高的敬意。我在青春期时曾患过抑郁症，因为当时没有人认真对待我的状况，我自己也不能理解自己。现在我成了一名医生，才开始明白那时发生在我身上的事情。为了不让你等 30 年才有人向你解释这件事，我承担起这个任务，并且牵起你的手，陪你一起了解清楚。

那么，了解这些情绪就意味着能减轻痛苦吗？答案是不能。但是，如果你能把它们当成你的一部分，当成你整个人生的一部分，也许我们就能更好地接受它们。

关于恐惧

害怕这种情绪本身是正常的，在青春期，我们有时会被害怕和不安所困扰。大家都比较熟悉不安全感，即使是学校里最强大、最酷的人也会这样。社交媒体上那些“完美”的女孩更是如此。恰恰是因为害怕，所以她们才会向所有人展示各种修饰过的照片，试图让别人看到自己是多么完美，通过获得很多“赞”而得到肯定。

在青春期，恐惧和压力可以表现为多种形式：害怕不能适应这个世界，害怕不能做出什么重要的贡献，害怕不了解自己，害怕在学校里跟不上学习节奏，害怕被同学欺负、排挤。有些人还害怕某个朋友或者某个家庭成员。有些人的恐惧更加复杂：害怕明天，害怕细菌，害怕拥抱某人，害怕公交车上的人，害怕有人闯入家里，害怕花园里的蜘蛛会跑进房间里并在睡觉的时候爬到你的脸上……

所有的这些恐惧都是真实的，并可能造成令人难以置信的压力。承受压力的人会变得悲伤、具有攻击性，无法正常学习，逐渐变得睡不好觉或者睡太多觉，后果就是在学校里的成绩下滑，这又会产生更大的压力。

我们通常很难去谈论恐惧，因为倾听的人都试图让诉说的人放弃这种恐惧——别犯傻了，你瞎想什么呢，你疯了吗，等等。但是恐惧就是恐惧，而且我们必须指名道姓地说出来。只有当你给恐惧取一个名字，你才能够正视它，然后它才会消失。

你可以一个人去面对，也可以和好朋友、姐姐、其他长辈聊一聊，有时你可能需要心理专家的帮助。我们之后再谈这个。

关于压力

我们大多数人第一次遭遇压力是看到了世界上与我们有关的事情时。学校让我们感受到巨大的压力：你白天非常累，在课堂上经常无法集中注意力；你的大脑杂乱无章，你忘了写家庭作业，或者忘了为考试做准备。你的弟弟不经过你的同意就来你的房间拿你的东西；你的手机掉进了厕所；你和你最好的朋友吵架了……

这还不是全部。除了外部的压力，还有来自内心的压力，就是你的那些胡思乱想——我太笨了，我太懒了，我太胖了，我不够酷，我学习跟不上，我不适合任何地方，我没有朋友，没有人真的喜欢我，我们的世界将被毁灭……所有的这些都会给青春期的大脑带来巨大的压力。

人有一点儿压力是正常的，不宜过大，不幸的是我们很难减轻自己所面临的压力，因为很多事情都超出了我们的能力：还是要去学校学习，手机总会掉进厕所里，家庭作业会被遗忘，不是每个人都喜欢你……但是我们可以做一些事情来对抗压力，对此只有一个好方法，那就是释放、平衡你的情绪。那么，具体该怎么做呢？你可以试试下面的这些方法。

- 深呼吸
- 去户外散步（至少半小时）
- 和你的宠物依偎在一起
- 选择一种运动，消耗完自己的能量
- 画一幅画
- 听吵闹的音乐
- 随机打开一个歌单，在你的房间里尽情跳舞
- 看一些有意思的视频或节目（不要看动作片或者电视剧）
- 和你的闺密打电话或者视频聊天

在人生长河中，我们需要花费大量时间来应对压力。因此，如果你学会了如何与压力相处，这将是你一生中学到的最重要的东西之一。

关于悲伤

有时你会觉得自己像《哈利 · 波特》里爱抱怨的桃金娘一样：悲伤、敏感、孤独，不知为何，身边的一切都让你痛苦。就像电影里嚎叫的幽灵一样，没有人会认真对待你的悲伤，因为没有人对你和你的感受感兴趣。你有时会感到孤独，感觉自己与其他人不同，没有人能以任何形式帮到你。虽然我不了解你，但是当我知道你心情不好，独自待在房间里时，我也很悲伤。我能感同身受，即使我们不曾相识。我太熟悉这种孤独感了，我知道这很糟糕。

你有充分的理由悲伤，比如你和你最好的朋友吵架了，或者你搞砸了一项任务……让你感到悲伤的或许不是一件事情，而是生活中的很多事：你在班里交不到朋友，你的父母不断地争吵，你感兴趣的东西和大多数青少年不一样……如果这些都不是你所遇到的情况，那么有的时候只是看看这个世界是什么样的都足以让你悲伤：滥用童工，环境破坏，少数人的权利被忽视，动物被虐杀……这些坏消息对一些人来说是好消息，这就是为什么媒体通常只向你展示世界糟糕的一面。

即使你避开了这些新闻，也会在社交媒体上找到足够让你心情糟糕的理由。你会发现：你没有“完美”的身材，没有可以分享的故事，没有完美的地点举办派对，或者你身边没有很酷的人，甚至连别人的父母看起来都更好一些，他们有更有意思的工作，能策划更棒的假期。有的时候，好像其他人都在说一门你不能理解的语言，又或者他们都属于一个秘密组织，只有拥有“VIP 邀请函”才能进入这样一个组织。现实生活中的一切都如此平常，你根本体会不到其他人所展示出来的那种“特别的氛围”。人们展示出来的世界让你觉得很奇怪。

让我来告诉你，无论是社交媒体还是某个人告诉了你什么，你都不需要改变或者以某种方式去适应。总有一天，你会发现有人爱你，并接受你本来的样子。你只需要有耐心。我反复强调这一点，是因为我认为能真正地从内心去理解这些是非常重要的——不要用一个遥不可及的理想状态来决定你的情绪。不要让别人的意志和标准来定义你。青春期里你必须学习的重要一课就是：你不同于别人的东西恰恰就是你的与众不同之处。如果你感觉很糟糕，那就远离展现美好自我的社交平台，找一些赞美缺陷的平台，这样你的心情会更好。

此外，我们还要思考一下，什么能让你高兴，什么是你感兴趣的，什么能让你心情变好。走出你的房间，拿起你的手机，拍一些周围事物的照片吧。你想学踢踏舞还是跆拳道？有时候，人们必须走出自己的舒适区去做一些事情，先踏出这一步，很快就能找到志同道合的人，并且享受其中的乐趣。谁在乎你是否与其他人不一样？谁需要你与众不同？我来告诉你答案——是这个世界。这个世界需要你与众不同，而不是和别人一样。毕竟我们都喜欢原创的东西，而不是粗糙的复制品。当然，有时候相较于家庭，我们更需要有自己的朋友、属于自己的圈子，你的朋友——你真正的朋友——喜欢你的古灵精怪，因为他们喜欢的就是你本来的样子，而不是其他样子。帮我一个忙好吗？就这样放飞自我！你这样做其实也是帮助了其他人，鼓励他们拿出勇气坚持做自己。

如果这些关于自我价值感的话在很长一段时间内对你都不起作用，那么你很有可能已经达到了下一个悲伤等级了。你可能已经感受不到悲伤，甚至什么都感觉不到。面对这种黑暗时刻，我这种“啦啦队式鼓励”或者其他任何人都无法将其驱散。那么，亲爱的，你可能已经进入了另一个阶段——抑郁。

浅谈抑郁

大多数时候，它是缓慢开始的，一开始很轻微，然后突然就出现了。某天早上你醒来后发现：你的生活是如此沉重，感觉一切都失去了意义。你觉得自己的存在在某种程度上是没有意义的。你的肩膀上压着一个看不见的重担。你或许不想主动地结束生命，但是你觉得早上要是醒不过来的话，也没有那么糟糕。

为什么会这样呢？可能有不同的原因，也可能根本就没有原因，至少没有马上就能明确的原因。或许只是一种感觉，不知怎么，你的感觉告诉你就是“不对劲”，仿佛自己是一个外星人。当你尝试和你的家人谈谈的时候，他们不理解这种感受从何而来。也许他们是对的，因为从表面上看，你的生活并没有那么糟糕，你应该为自己有一个栖身之地而高兴，其他人的情况可能更糟。

快停下来！

请直接停止这种不正确的想法，因为它贬低了你的需求和你的痛苦。这种糟糕的心情到底源于哪里？答案是源于成长，源于激素，你身体里的有些东西失去了平衡。你的大脑就好比电脑硬盘，硬盘一旦中毒，电脑就会出问题。这并不能成为贬低你经历和情绪的理由，因为悲伤是合法的。你的这些情绪都是真实的，即使别人认为这是无稽之谈。你的这些感觉，或者说你不再有任何感觉都是正常的，它足以打倒最坚强的成年人，不管是什么原因。

感觉到很难受，但不知道其中原因，这本身就是一件糟糕的事情。别人觉得你有栖身之处或者有饭吃就该高兴，这种看法只是试图让你觉得现实并没有那么糟糕，结果反而让你感到更孤独。

好消息是你不必独自承受这些，这种糟糕的情况也不会永远持续下去。对抗抑郁的有效方法就是心理治疗。有很多非常酷的心理专家会帮助你，帮你驱除心中的“恶魔”。这样的“心魔”还有另一个诡计：它会让你相信你有憎恨自己的理由，并且让你相信如果你进行自我伤害的话，会感觉好受一些。这个恶劣的诡计最终会以自我憎恨的形式来到我们身边。关于这部分内容，请看下面的内容。

自我憎恨和自我伤害

当你感觉到自己有太多过错时，压力和痛苦就会变大，然后有些人很快便会陷入自我憎恨之中。

你肯定熟悉这样的情况吧——当所有人在社交媒体上谈论自爱时，你却只能感受到憎恨自己。原因有很多：你吃得太多或者太少；你很懒惰，无法下定决心开始运动；你没有学习的动力；你经常晚上睡不着，第二天又睡过头……

如果一个人在面对自己的时候，几乎只有消极的感受，他会怎么办呢？自我憎恨不是一件简单的事情，它会把人压得喘不过气来。如何才能逃出这个满是仇恨和压力的恶性循环呢？

很多人会做一些能够快速缓解压力的事情：喝酒、吸烟、暴饮暴食。但这种做法只能让你大脑里的这些感觉暂时得到缓解，让它们变得更容易承受而已，但同时它又非常危险，尤其是对年轻的、还在成长发育的大脑来说。

有些人会划伤皮肤，只是为了让自己有感觉。身体上的疼痛可以在一定程度上分散心理上的痛苦。这种疼痛很深刻，却很少被人看到。有些人通过这种自残的方式释放压力，还有些人通过“催吐”的方式缓解自己的暴饮暴食。有些人只想停止这种令人痛苦的空虚感，不管是用哪种方式。如果这使得自己从此再也醒不过来，那也没关系，反正世界上的其他人也不会注意到。

如果感觉压力变得特别大，你又不能或者不愿意求助你的父母，那就试试下面这些方法吧。

- 打电话给朋友
- 吃一口芥末或者辣椒
- 拿一条橡皮筋，用力弹你的手腕
- 洗个冷水澡
- 绕着小区跑三圈
- 你养狗、猫或者豚鼠吗？把它抱在怀里，抚摸它
- 跟着音乐跳舞，直到你跳得喘不上气来

你要知道这些负面情绪不是你的问题，是青春期带来的反应，它们终将随着青春期的结束而消散，所以你想到什么就去尝试做一下，只要不伤害自己。不是为了我，而是为了你，为了未来的你，那个了不起的、有趣的、酷酷的你，为了那个即将成为大人的你。

什么时候寻求帮助

如果以上这些你都尝试过了，却还是无法应对的话，这也是完全能够理解的。在这个世界上，没有什么事情是简单的，你将在很短的时间内面对很多事情。如果你害怕伤害自己，或者你为一个朋友感到担心，那么你就要去寻求帮助。如果你满脑子都是死亡、催吐等一系列极端的想法，那么你就需要帮助。请求助于一位成年人，他可以是你父母中的一方，一个亲戚或者一位你信任的老师。

你（或你的朋友）也可以寻求一位心理医生的帮助。我们大多数人在生命的某个时刻都需要心理医生，这并不意味着你要去精神病院。即使要去精神病院也没什么，这不过是人生旅程中必须要迈过的一道坎。或许你需要药物治疗，让你的大脑再次恢复正常。这并不糟糕，你的大脑会生病，也会恢复健康，就像你身体的其他部位一样。如果你的腿断了，不能行走，这也不能成为你感到羞愧的理由。大脑的健康同样如此。精神病院有一大群负责治疗大脑的专业人士，他们可以帮助你。

世上有那么多值得我们为之而活的事情。或许有一天你会遇到你的灵魂伴侣；或者你能够实现去巴黎学习时尚的梦想；或许你会成为艺术家、手工业者、记者、医生或者一位女商人，经营自己的公司；或许你会和许多动物生活在乡村或者和一只猫生活在城里……不管你的梦想是什么样的，不管生活为你准备了什么样的惊喜，重要的是你要明白：从青春期到成年期的旅程可能会很疯狂，它可能会让人很有压力，但是在这段时间里，你也会拥有美妙的经历、持久的回忆、一生的友谊和深厚的感情。让我们一起在地球上轻松愉悦地生活吧。生活中有很多惊喜在等着你，其中的一些可能是“火坑”，但只要你熬过了这个糟糕的阶段，你一定会为自己没有提前离开这场派对而感到高兴。

最后，请允许我给你一个大大的拥抱，因为你真的很勇敢！

女孩聊天室

*朋友：*我不能再这样了，我不想这样。

*弗里达：*怎么了？大中午的，你怎么了？

*朋友：*没有什么是真的。

*弗里达：*怎么毫无征兆地说起这个？

*朋友：*没有什么是重要的。

*弗里达：*听着，这些都无所谓。
你可以自己决定什么重要，什么不重要。

*朋友：*但如果它不是真的，
又有什么意义呢？

*弗里达：*生活本身就是无意义的。
我们所有人都必须理解这一点。
但这并不意味着我们必须离开，
你必须自己创造意义。

朋友： 我已经尝试很多年了。

弗里达： 听着，如果 10 年后生活还是这个鬼样子（对此我深表怀疑），那我也加入你想做的事。在此期间你要好好待在这儿，因为我们已经约定好了。

朋友： 谢谢你。

昨天

朋友： 你看到 ××× 的胳膊了吗？

弗里达： 是的，看到了。

朋友： 现在我才知道她为什么一直穿长袖。真可怜啊。

弗里达： 我无论如何都要跟她谈一谈。至少让我成为她的一个倾诉对象。很高兴你现在不再这样做了。

朋友： 我爸也发现过我的伤痕，但是不知道为什么他什么都没说，只是奇怪地看了我一眼。

弗里达： 可能我们都需要做一些“出格”的事情度过艰难时期。

朋友： 还是年轻啊，哈哈。现在我的瘢痕该怎么处理呢？

弗里达： 如果它没有困扰到你，就放着吧。
如果你需要有人在身边，我愿意在情感上支持你，为你效劳。
它不是什么应该感到羞耻的东西。
这只取决于你自己。

妈妈密语

这一章内容对我来说是最私人的章节。一方面，是因为我自己也经历过这样的青春期；另一方面，也是更为重要的一个原因，就是到目前为止我和我的女儿也经历了一段相当痛苦的时间。毫不避讳地说，我也犯了一些错误，因为那时的我并不了解青春期及其最本质的因素。但在与患者谈论她们的女儿，或与女孩谈论她们的父母时，我发现自己对青春期的理解存在一些误区。

身为一名医生，我对科学领域的一切事物都感兴趣，于是我开始阅读有关青少年大脑特点的最新研究和文献，也查阅了与女孩世界有关的社会心理学方面的资料。我所学到的内容让我觉得要是自己能更早接触这方面内容就好了，这会让我们母女省去很多不需要经历的痛苦，我和我唯一的女儿之间的关系也不会经历那么多坎坷。为了不让你们重蹈覆辙，我将把我所发现的一切分享给大家。

如果你的女儿有意避开你，你可能感觉很糟糕。如果她无缘无故地对你发脾气，你会更加生气。如果她变得无理取闹，你有时真想给她一棍子，但你不会这样做，还是试图去和孩子讨论，然后变得更加生气（我们在青春期所熟悉的另一种“老派”的教育风格——明确且令人痛苦的惩罚，现在已经不被允许了）。

然而，当你的女儿开始变得更加放肆、毫无忌惮，并且表现出一种让我们担心、不安甚至是害怕的行为时，那我们才会感到真正的失落。如果我们在她们的房间里找到烈酒、香烟，发现她们在偷偷地伤害自己，甚至想过自杀，或者已经表现出非常危险的行为时，我们中的很多人会非常无助。这种无助经常以过激的行为（看儿童精神病医生，找老师谈话，咨询心理医生，转学等）、粗暴的惩罚（“你要关禁闭到明年春天为止”“我再也不允许你独自待在房间里了”）或镇压而收场。大多数情况下，这三种方法都没有太大的效果，因为我们缺乏对青春期最基本的了解，下面我将一一展开讲述。

1. 青少年大脑的发育是不协调的，并且在进行非同步的改建

人类的大脑是由不同的区域组成的，它们大致可分为新脑和旧脑。越往下，也就是越靠近脊柱的方向，大脑发展的时间就越长。旧脑的一个重要组成部分叫作边缘系统，它位于大脑底部的中间，包含一个杏仁形状的结构——杏仁核，人的情绪、攻击行为和冲动行为都与这个杏仁核有关。新脑的一个重要组成部分是额叶，它位于前额的后方，它主要帮

助我们权衡决定、思考后果、控制冲动和解决问题。

人到 25 岁额叶才能趋于成熟。在一个成熟的大脑里，首先产生情感和冲动，然后是思想，之后再通过额叶的过滤形成反应。这些反应通常会适应外部环境，当然这也取决于个人的性格和状态。然而，对于青少年来说，这种大脑的连锁机制还远远没有完成。大脑底层的建设工作已经开始了，但是上层还只搭了个框架。这会导致可怕的大喊大叫、愚蠢的危险行为和无法控制的冲动行为。怎么样？听上去是不是很熟悉？

这意味着你的女儿会发脾气、不听话，表现得像一个“泼妇”，晚上偷偷溜出去……而这些根本不是她的错，只是她的大脑缺少关键的过滤情绪的功能，这个最后才会发育完备的额叶还没“上线”。因此，她们无法根据周围的环境来调整自己的行为，也不具备对风险和后果进行深思熟虑的能力。而大脑里的这些参与“建设工作”的部位又对雌激素、孕激素和睾酮的反应特别敏感，于是她们的脑子里就像被灌了一杯“激素鸡尾酒”，它会使所有人，包括你的女儿，感到压力重重。然而，现在又出现了一个新的决定性因素，即现代孩子需要面对的一种新情况，下面我们将详细展开讲述。

2. 我们面对的是一个全新的青春期，它开始得更早，持续的时间更长

我们的女儿们正承受着比我们以前更高等级的压力。在外，她们要面临来自学校的压力，有大量的作业，没有多少时间去运动或者留给自己。在内，她们要面临来自想要控制一切的父母的压力，网课的压力。此外，女孩们还有追求美丽、想要拥有某种生活方式的压力。即使我们力劝她们，内在价值才是最重要的，然而，现实摆在眼前，她们只需要打开一个手机应用程序，就能看到别人所拥有的“生活”，这些人还有几十万甚至几百万的追随者，她们的生活看起来总是那么完美。虽然最终女孩们会发现其实很多东西都是假的，但这需要一些时间。而且这些照片已经在她们的内心播下了种子，之后就会长成代表不安和自我怀疑的植物。

以前，儿童和青少年能接触的信息是受成年人控制的。父母、祖父母、老师、社会都会对什么时候、哪个年龄段可以开始接触有关性、酒精、战争等方面的信息进行监管。我们只能通过偶然的机会和途径获取这些信息。我们中的很多人到了16岁才会参加一些派对，并终于接触到了啤酒。那个时候的青少年明显比今天的青少年更晚接触酒精，极少有人会提到自虐，甚至自杀。

但是这一代人一天 24 小时都在接受各种信息的轰炸：好的，坏的，甚至人们能想到的最恐怖的信息。我们的孩子在 10 岁甚至更早的年龄就得处理这些源源不断的巨大信息流。她们过早地，并且很多时候都是独自在房间里得知什么是暴力，什么是犯罪，她们看到了世界被破坏，孩童被虐待，动物无缘无故地被杀害……这些事情对于一个正在发育的年轻大脑来说是很难被恰当处理的。

以上这些因素带来的一个结果可能是很多人意想不到的，那就是这一代人并不像我们想象得那么粗野，反而更加敏感、更加多愁善感。这些青年既没有被宠坏，也不是完全以自我为中心，并且，她们清楚地知道父母认为她们是娇弱的。她们不仅承受着自己的痛苦，还承受着朋友们的痛苦、父母的痛苦，以及这个世界的痛苦。这一代人已经感觉到自己对这个地球负有责任，年纪轻轻的她们有一些愤怒，也有一些无助。从某种意义上来说，这些泛滥的信息也夺走了她们一部分纯真的童年。她们想让自己变得更强大，想要做些事情来对抗不公正，但还不具备相应的能力。她们迫切地想要知道自己是谁，存在的价值在哪里，以便最终能发挥自己的力量并有所作为。她们担起了拯救世界的责任，或者说在一定程度上想要改变这个世界。

如果她们对自己身份的寻求，以及对生活意义和目的的探寻没有结果，就会促使青春期延长。研究表明，与我们那个时候相比，现在青春期持续的时间更长，我们当时 18 岁就已经成年并且可以被看作是成年人。今天的青少年进入成年阶段的时间要晚一些，他们更晚离开父母独立生活，有些人到 25 岁了还从未与异性建立起稳定的关系。

想在世界上寻得一席之地却毫无结果，这会让她们产生沮丧、听天由命、自我轻视的感觉。近年来，焦虑症和抑郁症的发生在青少年中急剧增多，同样的还有自我攻击行为，如自残、酗酒。这些都是如今常见的“自我缓解”方式，是对这个世界过度矫正的尝试。她们没有选择，也不知道有其他方式。

尽管这对我们来说可能很困难，但我们不可以对孩子生气、发火。为了真正地理解她们，我们必须要把我们学到的很多关于养育子女的陈旧知识先放到一边。

3. 随着时代发展，青春期面临新问题，作为妈妈的我们同样需要与时俱进

现在，对我们这些妈妈的要求是全新的。因此，我们没有工作手册，也不能依赖我们在成长中被用到的教育方法：

说教、惩罚、施压。这些都只会导致反抗，并削弱妈妈与孩子之间的联系。而这种联系是非常重要的，相信我，对你的女儿来说甚至是生死攸关的，因为未来几年可能会充满挑战。如果你的女儿变得悲伤甚至发展成抑郁，伤害自己，拒绝上学，这时候严厉的惩罚是没有用的。大多数时候她会觉得自己很糟糕、毫无价值，而你严厉的批评会被她视为一种轻视，她对自己的负面评价在你的轻视中得到了证实。

为了不让你的女儿在她最需要你的时候陷入这种消极的漩涡，为了不让你们的联系断裂，我们需要一个新的方案来应对青春期。这种方案说来也很简单，就是成为她世界的一部分。不要去评判，没什么可评判的。我们要找到接近女儿世界的入口，维护我们所拥有的良好关系。现在她们的一大部分生活是在智能手机和社交媒体上进行的，所以我们也要研究它们，并且请求进入这个世界。如果我们饶有兴趣地去询问，通常情况下她们是愿意让我们进入的。除非我们刨根问底的目的是获得某些特定信息。女孩非常擅长搞清楚状况，她们会嗅到我们隐藏的意图，并看清我们假装表现出来的兴趣。

让她给你看看她在网上都看到了什么，她有没有社交账号，你也去查看一下。带着真诚的兴趣去看看她朋友们的账号，或者她所赞赏的人、关注的人的账号，或者她订阅的内容。在她的这个世界里，你会看到很多你不喜欢的东西：或许是她有朋友吸烟，或许是她有一个让你不舒服的男朋友，或许是她在社交媒体上以一种你觉得愚蠢的方式展示自己……尽管如此，你还是要努力尝试，不做评判地、带着认可去倾听、去学习，她的世界由什么构成，她认为什么好，什么让她生气，什么让她悲伤，在危险的情况下——这种情况很可能会出现——你要成为她首个想要联系的人。如果她让你进入她的世界，你应该心存感激。门是敞开的，面对面对话要比关着门沟通轻松多了。但一旦你开始打“家长牌”，说一些诸如这样的话：

“如果你也把头发染成这样的绿色，那你就不要进这个家门了！”

“只有坏孩子才会吸烟，而你可是出生在一个高知家庭。”

“如果你偷偷交男朋友的话，我就把你送到寄宿学校去！”

“你为什么要把时间花在无聊的短视频上？如果你愿意花同样多的时间在学习上，你早就成为最优秀的学生了。”

以上种种都会让这扇交流的大门很快关上。

如果时间允许，可以是在开车的时候、吃早餐的时候或者睡觉之前，带着真诚问问你的女儿：“你的朋友都在做什么呀？她们当中是否已经有人有男朋友了？你是怎么看的？你的情况如何？”

你的女儿可能自己都没有意识到，其实她同样想要和你保持这种联系，因为她需要你。这种联系是她依赖你的重要前提，尤其是当她遇到各种状况时。比如，当她突然感到悲伤，当她觉得自己不好看、贫穷、愚蠢、空洞、无用时；当痛苦到让她觉得自己没有存在价值时；当她开始伤害自己，或者当她认为自己的生活没有意义时。如果她知道至少还有你的支持，那么无论遇到什么情况，即使是她憎恨自己的时候，她都可以依赖你的爱，仅仅这一点就足以把她从负面情绪里拉出来。

许多青少年倾向于互相倾诉：打电话，在网络社交平台上聊天，在手机应用程序里彻夜“开会”到天亮，这是她们每天的日程，她们觉得对彼此负有责任。因为她们觉得我们会害怕且不知道如何应对她们的情绪，如压力和抑郁，所以她们宁愿依赖彼此。但同时她们还远远不够成熟，无法独自应对如此巨大的精神压力，当然也没有能力互相“治疗”。我认识一些女孩，她们说，如果没有在某个重要的晚上和那个对的人谈话，她们早就不存在了，而这个对的人通常不是家人，而是班里的某个同学。

其实这是我们的任务，我们要克服恐惧，保持与我们女儿的联系，以便在必要时找到这些问题的答案：你抑郁吗？你担心某个人吗？你的朋友会划伤自己吗？你认为你的生活没有意义吗？……即使面对这些问题我们会感到不舒服，可能会害怕听到答案，但其实很多孩子已经非常熟悉这样的想法了，并且会坦诚地回答。

如果你的女儿已经出现抑郁的症状，比如故意伤害自己，甚至谈到自杀，你一定要严肃对待。她这么做并不是为了引起注意。这是一种极端情况，需要专业人士的帮助。当你意识到自己对孩子的爱并不足以把她从深渊里拉出来时，你的女儿必须去接受治疗，甚至是住院治疗。我知道这会让你感到痛苦，但这也不意味着妈妈很失败，相反，即便遇到了重重困难，你还是和你的女儿保持着相当紧密的联系，那么你就已经做了一切你能做的事情。很多事情并不是你的责任，也不是你女儿的责任。我们都是新手，在这个疯狂的、由智能手机支配的世界里，我们必须尝试自己摸索出一条正确的道路。

而这条正确的道路起初看起来可能是错误的，或者像是一条更疯狂的绕远路线。我并不是说所有的答案都是错误的。这些年来困扰我的问题，我甚至连一半的答案都没有。但我所拥有的答案，我认为都是有价值的，它们帮助我用不一样的视角去重新看待我的女儿，看见她的与众不同之处。我把这些答案分享给你，这样你就不会浪费宝贵的时间去厌恶女儿的青春期，而是成为一名战士，在这个充满敌意和危险的世界里支持她。路，需要她自己走，而你只要一直站在她的身边，尤其是当她的世界变得黑暗、丑陋、布满荆棘的时候。当她泪流满面、对你翻白眼、对你大喊大叫、晚上跑出去或者独自躲在房间里的时候，她需要的是你的支持，而不是你的回避。

身为妈妈，我们的工作真的很难。有时你会感到孤独无助，有时你会觉得自己很失败，尤其是单亲家庭的情况。想要在不绝望的状态下度过这段时光，我们需要足够的能量和韧性。我告诉过你的女儿，现在我把同样的话也送给你：承受住这些压力，你是最勇敢的。还有一点，请务必相信我，这个阶段可能会非常糟糕，但是它终将会过去。

第7章

关于性和你的身体

我们都会于某个时刻遇到这种情况：我们陷入了爱河或者觉得某个人棒极了。或许你正在暗恋某个人，或许你已经有了男朋友，这当然是令人激动的、美好的事情，同时也是恐怖的、尴尬的——是的，所有的问题一下子全来了。但是有一点我可以肯定地告诉你：无论你到了哪个年龄阶段，心中的疑问都不会减少。

“他也喜欢我吗？”

“他是怎么想的呢？”

“他会和我亲吻吗？天哪，应该怎么吻？”

“什么时候开始我们算是正式在一起了？亲吻之后？触摸之后？还是有了第一次性关系之后？”

有这种不安是很正常的，我们每个人都有。虽然我不能给你提供恋爱方面的建议，但是有一点是我们可以谈论的——关于性和你的身体。

首先，如果你认为性行为是肮脏的、不雅的、恶心的，或者性只是为了生孩子，是让男人爱上你或让你更受欢迎的手段，那么你就大错特错了！也许你还听说过性行为会让人很痛，还会流血，但是作为女人你必须要忍受这些，那么我要告诉你：请忘掉你所认为的关于性的一切吧！然后记住下面这句话：我们必须知道自己喜欢什么，想要什么，什么样的性行为是安全的。

第一次

假设你现在有男朋友，并且你相信很快你们就会进入性这个阶段，那么你要知道第一次的性关系应该建立在彼此尊重、深入了解和安全的基础之上。对双方来说，都要符合下面这四个“安全”。

安全的对话
安全的性行为
安全的时间
安全的空间

安全的对话 请提前好好谈一谈，你们是否真的愿意，并且同意发生性关系，这必须是双向的。另外，谈一谈避孕、避孕套、地点等。你不必计划所有的细节，但第一次不应该在意外的情况下发生。

首先，你觉得自己准备好了吗？对你来说，阴道是你熟悉的地带吗？为了和别人一起进入性的世界，了解自己的阴道，喜欢自己的外阴是很重要的前提。你能接受有“异物”进入阴道的感觉吗？如果无法接受，或者有些抵触情绪，你可以和他谈一谈吗？

安全的性行为 我建议一定要进行双重避孕。就是无论如何都要使用避孕套，如果有条件的话，可以加上使用激素避孕。之后我们会学习关于避孕药的内容。但我并不想劝说所有人都进行激素避孕，请找一位妇科医生，聊一聊你有哪些选择。除此之外，我建议你接种预防宫颈癌的疫苗（HPV 疫苗），它不仅可以降低你感染 HPV 的概率，还可以避免你患上令人讨厌的尖锐湿疣。

在第一次发生性行为时，可以使用润滑剂，在药店里就可以买到。当然，它不是必需的，但如果使用的话，请确保它是水溶性的，这样才不会对避孕套造成损坏。

安全的时间 第一次的关键是从容不迫。可以尝试，但不要有期待。一切都是开放式的，也就是说，如果成功了，那很好；如果没有，那也没关系。可能会发生他不能正确进入的情况，这样会让你感觉很痛；也有可能他无法勃起（大多是因为过于紧张，并不代表他不喜欢你）；或者在此期间你退缩了、改变主意了……这些都不重要，重要的是你们已经提前讨论过，并且都同意它并不是必须要在当天发生。

当它发生之后，许多女孩首先会确定：世界并没有因此发生改变，我还是我，性行为也并不像别人说得那么夸张。许多人之所以会对第一次性行为进行近似夸张的描述，是因为她没有获得自己期待的感觉。对此我只能说，两个人之间的性关系是在发展的，不会一直保持第一次的状态。这和亲吻是一样的，当你适应了对方的舌头和身体，熟悉了节奏和氛围，它就会进行得更好。

安全的空间 重要的是要与对方交谈。说一说什么很棒，什么奇怪，你想要什么或者想尝试什么。而这些只有在安全的空间下才能进行。下面，我们就来聊一聊什么是安全的空间。再次强调：你必须感到安全，一切都在自己的掌控之中，这一点很重要。你的伴侣必须给你提供空间，在这里你可以自由地说出什么让你害怕、什么让你感到疼痛、你担心什么，在这里你不需要担心他会轻视你的感受和顾虑，对于他想和你做的某些让你感到羞耻或不舒服的事情你可以明确拒绝。

你必须知道，一般来说，大多数男性并不熟悉女性的身体构造。他们通过网络学到的大多是错误的内容（因此你也不要随意在网上搜索、查看，或者不要太把网上的东西当真）。男孩子们通常也是初学者，也没有太多把握。很多人想要成为善解人意的恋人，但一开始他们的技巧并不是百分之百正确，并且担心会弄痛、冒犯你。作为女生，我们要为这类男孩子欢呼，他们想要正确地对待你。其实并不是只有纳入式性行为才算得上是性行为，而且女性在这样的性行为中也不一定每次都会达到性高潮。有些男性可能会认为只有这种性行为方式，才能让女性在性行为中感受到快乐。然而这些都是不正确的！接下来我将为大家一一揭穿。

发生性关系时的一些技巧

- 放轻松。这时可以不安、激动，但是不要紧张。
- 可能需要一些时间适应这种穿透感，但不应该引起疼痛。
- 如果第一次进行性行为时没有使用避孕套，事后精液会从阴道里流出来，这会让人感觉又湿又滑，还会弄脏床单。事后要用纸巾或者毛巾把它们擦掉，虽然会有点尴尬，但这才是正确的。

- 性行为之后请立刻去小便，每次性行为之后都要去排尿，否则会有引发膀胱炎的风险。因为在进行性行为的时候细菌可能会侵入膀胱，引发麻烦的炎症。

他们的“谎言”

在讲解这部分之前，我想先声明一下：我爱男人，我真的爱他们。他们可以是非常棒的朋友、善解人意的恋人、真诚的伴侣。他们是值得赞赏的，尤其当他们扛起了别人无法提起的沉重箱子，或者帮别人解决了问题，如给汽车加油、修剪草坪、给房顶上的灯换灯泡时。我非常喜欢绅士，他们会为别人开门，当别人觉得冷时递去自己的外套，尊重女士的愿望和梦想，总是和她们处在平等的位置。一个真正的好男人会想知道，他所喜欢或爱的女人在想什么、感受如何。当她想和他探讨有关性方面的事情时，他会倾听并且去学习。对他来说，让他所爱的女人感动、高兴就是他最大的任务。

但是很遗憾，并不是所有的男人都这样。有一类愚蠢的男人，他们认为自己懂的东西比女性多，特别是在两性关系方面，他们的傲慢程度总会让人感到十分无语。这些男人有着大同小异的“信条”,并想随时随地讲述给你听,还试图说服你相信他们。

接下来,让我们看看这些男人们经常说起的言论,这样你就能对他们在有关性方面发表的“谎言”做好心理准备。

1 号谎言

第一次性行为时没有流血的就不是处女。

人们普遍认为女性的阴道是被处女膜封闭起来的。这完全是错误的。女性的阴道没有被贴上“封条”。如果有人以此把女性划分为“新的”和“旧的”,那请千万不要相信。当女性还是一个婴儿来到这个世界上的时候,阴道就不是封闭的。它的入口处有一层薄膜组织,但它并没有生物学意义。

这层薄膜像橡皮筋一样具有伸缩性,可以抻开,也可以缩紧。它会破裂吗?当然。就如我们在第 5 章中已经学到的那样,处女膜破裂后会重新愈合。在性行为中,当男性的生殖器进入阴道的时候,这层膜向下撕裂,这种情况可能会造成出血,但它并不能说明一个人是否有过性行为。这就把我们带到了下一个谎言。

2 号谎言

妇科医生可以检查出女性是否有过性行为。

第一，这样的检查是不合法的。第二，没有医生能够判断出是否曾经有一根手指、一根卫生棉条或在医院做检查时有医疗器械插入过阴道里（顺便提一个小建议：不要将异物塞进阴道）。

3 号谎言

性行为让女性感到疼痛是正常的。

这是大错特错的。性行为绝不可以让人感到疼痛。当男性的生殖器进入阴道的时候，女性必须感觉良好，否则这样的性行为就没有意义。如果女性感觉到疼痛，有可能是阴道太干燥，这大多是因为从心理上感觉不舒服，所以阴道也不愿配合。如果一个男性在性行为过程中催促女性，甚至让女性屈从，还让女性感到疼痛，那这个时候女性应该听从阴道的感受，它是很聪明的，它知道哪种男人不值得交往下去。

如果女性感到疼痛后，想让男性停下来，有些男性可能会说：

“从来没有其他人向我抱怨过，这肯定是你的原因。”

“或许你应该去看看医生，是不是有什么问题。”

“这是正常的。你坚持一下吧。”

“肯定是因为我太大了。”

如果听到诸如此类的话，女性就该心中有数，所有这些话都是信号——远离这个人！

4 号谎言

你是不是也觉得我勃起的阴茎很惊人？我这儿有一张照片，既然我们已经在一起了，你也给我发几张裸照吧。

不，不，不，绝对不要发裸照给别人，也绝对不要通过任何社交媒体发送有关自己隐私的任何照片！

热衷于给别人发裸照的行为总是让我联想到猫，它会把一只死掉的老鼠扔到主人面前，想要得到夸奖。

发送裸照的情况可能会频繁发生在男女关系之中，但是网络是不安全的，这些隐私最终会以比大家想象得更快的速度到达其他人手中。一旦发生这种情况，请立即报警。

5 号谎言

你 18 岁就有了第一次？你的生活真乱。

30 岁了还没有过性行为？那肯定是性冷淡。

有些男人经常喜欢充当“法官”，总是喋喋不休地说出自己的观点，尤其当他们想要对女性无礼的时候，总会有一些无稽之谈。

什么时候及在什么年龄发生第一次性行为，这完全是个人决定，也根本不能说明一个女性的价值。关于性行为的一切都应该完全由自己决定。

有些人 18 岁的时候就准备好发生性关系，而有些人到 31 岁都还没有过，这都无妨。另外，请不要再使用“性冷淡”这样的词了。已经 21 世纪了，却还有人企图用这样一个陈腔滥调给对性行为不感兴趣的女性贴上标签。有些女性只是还没有找到适合自己的伴侣，或者她们受到了伤害，还有一些女性经历了太多身材羞辱，以至于还没有释放出自己的女性魅力。

任何人都没有权利这样评论一个女性，他在说出这样的话的时候就证明，他自己都没有通过“合格男性”的测试。

6 号谎言

有些女性嘴上说不要，其实内心很想要。

这绝对是最危险的谎言！不仅是年少无知的男性，连一些成熟男性也会这样认为！这种想法真的非常愚蠢，而且抱有这种想法的男性不在少数！

当一个女性不想进行性行为时，男性还强行将生殖器进入女性阴道的行为，叫强奸！

你的身体，你的规则

我们女孩必须要认清一个现实，那就是我们在力量上通常不及男性。只要没有练过武术，我们在和男孩或者成年男性发生身体上的摩擦时，必定会吃亏。这很糟糕，尤其是当男性强迫与你发生性关系时，会带来毁灭性的后果。

只要是你没同意的情况，如果一个男人强迫你和他发生性关系，这就是强奸，是严重的犯罪行为。即使是在亲热的过程中，你不想再继续进行下去了，但是他无视你的拒绝，这也是强奸。

那么，什么是拒绝呢？如果你和一个男人在拥吻亲热，然后他想进行下一步，而你不想继续了，怎么去拒绝呢？

有一条非常简单的规则：只要没有明确地表示“可以”，就代表“不”，就是拒绝。

当一名陌生人未经你的同意用手触摸你或者强迫你触摸他，这些都属于性侵犯。它和强奸一样都是犯罪行为，只是更复杂、更难界定。很多时候，他们的犯罪手法会令你大吃一惊：你的游泳教练在水下摸你；公交车上的陌生人突然把手放在你的大腿上；某个疯子开始只是问路，然后他突然拉开他的裤子拉链……这样的情况数不胜数。我在诊所里了解了很多性骚扰、性侵犯的案例，我就不一一列举了。总之，女性在她的一生中难免会遇到这些情况。

如果我们在一个完美的世界里，女孩就不需要靠“第六感”来面对这些。天黑后，我们从停靠在路边的货车旁经过时不必害怕，抄近道回家时也不用觉得危险。可现实不是这样的，有人会往你的饮料里加迷药，甚至有些你以为的“熟人”会将你灌醉后对你图谋不轨，坐地铁时有人会趁机摸你，而其他人却移开视线……

那我们该怎么办呢？远离所有的男性吗？这当然不可行，你也不应该这样做。

这些坏人最害怕的就是被揭穿。就像蟑螂害怕光，一旦开灯就会跑开一样，只要我们敢于揭发他们，坏人大多会立刻停止。如果有人在公交车上摸你，或者在更衣室里等你，你要大声喊出来，引起注意。别人的注意对于这些坏人来说就像阳光对于吸血鬼一样令他们害怕。你可以对他高声怒骂，大声斥责，骂他是变态，威胁他说你要报警，或者如果可以的话，拿出你的手机，拍下他的照片，将它发给你的朋友或父母。

遇到以下这些情况时，手机就是你最强大的朋友！你一个人回家的时候，身边突然出现一个奇怪的人，这个时候你要用手机给别人打电话。你行走在黑暗中时，你也要假装你在打电话。你要一直将手机拿在手里，一直向别人发送你的实时位置，并且在紧急情况下你还可以大声呼喊。顺便说一下，我也认识一些非常绅士的男士，当他们夜间沿着街道走路时，如果发现前面的女士很害怕，他们就会走去街道的另一边，以此证明他们没有心怀不轨，只是想回家而已。

请相信你的第六感。如果你觉得某件事很奇怪，通常是有原因的。这时你要做的就是给出更多的反应而不是不反应。相信我，坏人们非常清楚什么是正确的行为，什么不是，他们也同样清楚你没有发送“接受”的信号。因此，犯罪者事后给出什么理由并不重要，只要你觉得不舒服，他就是越界了。这条界限在哪里是由你来决定的。这是你的身体，你的规则，你的生活。

女孩聊天室

*朋友：*嘿～

*弗里达：*咋了？

*朋友：*我做了。

*弗里达：*不会吧！真的吗？

*朋友：*真的，真的。

*弗里达：*快跟我详细说说。

*朋友：*但是他似乎不能完成整个过程

*弗里达：*不会吧……

朋友：

*弗里达：*那你感觉如何呢？

朋友： 还行吧。

弗里达： “还行”是指下次还是这样，还是下次会不一样？

朋友： “还行”指的是我不知道。

弗里达： 哦……那你觉得你准备好了吗？还是说他不是对的那个人？

朋友： 不，不是这样的。我只是不确定应该是哪种感觉……

弗里达： 或许他只是缺乏经验。

朋友： 但是他之前有过女朋友。

弗里达： 可怜的前女友……我们为她感到悲伤。

朋友： 所以，也许这很正常？

弗里达：这是一个没有经验的男孩。笑死我了……

弗里达：好吧，现在言归正传。在这样的情况下交流是至关重要的。
你必须告诉他你想要什么，你需要什么。
你感觉什么舒服，什么不舒服。
反正这完全不是你的问题。

朋友：我们不聊男孩了……

星期六

朋友：弗里达，我有个问题想问你。

弗里达：你说。

朋友：什么样的情况算强奸？

弗里达：怎么了？

弗里达：你不要吓我。

弗里达：发生了什么？什么时候、在哪儿发生的？

弗里达：我需要所有的细节，马上！

朋友：我喝醉了，然后跟一个人发生了性关系。终于讲出来了……

弗里达：天哪！

朋友：你能想象我有多慌吗？

弗里达：你知道他的名字吗？知道什么细节吗？

朋友：我不记得了……

弗里达：……

弗里达：回答你刚刚问的问题，这就是强奸。

弗里达：我很震惊，我都不知道该说什么了。很抱歉。我知道怎么能帮助你，但是你必须要配合。

朋友：就跟做梦一样。我无法反抗。

弗里达：我需要名字，马上。我要阉割了这个人渣，把他关起来。

朋友：我真的不知道该怎么办……

弗里达：我们报警吧。

朋友：但是有一个问题，时间有点久了。

弗里达：你事后没有找他吗？

朋友：我甚至都不确定那是不是……

弗里达：该死的混蛋。

朋友：对不起。

弗里达：不不不，你没有做错任何事情，真的没有。

弗里达：这是这个社会的问题，太缺乏这方面的启蒙和安全教育了。
所以，我们只能自己保护好自己。

妈妈密语

亲爱的家长们，我知道在本章的这个话题上，我们中的许多人都不得不离开自己的舒适区。我特意直接谈到了许多和性有关的话题，就是想让你知道，即使你的女儿只是刚刚来了第一次月经，但“性”可能在两三年内就会成为你们之间无法避免的话题，而性骚扰这个话题也会比你所预想的出现得更早。回避或羞于谈论是完全没有用的。我们必须站在与孩子们相同的地方，看见她们所面临的现实并理解她们。

对孩子来说，与自己的性器官建立积极的关系是非常重要的。即使有些父母担心和孩子过早谈及性，孩子可能会因此变得性活跃——这种担忧是没有依据的。很多女孩从很早开始，早在初恋之前，就会对自己的身体产生兴趣，并发现了什么是自慰，她们会为此感到非常担心，担心自己是否不正常。如果这时她们能从父母那儿听到“这些都是正常的，并不是什么病态或变态的事情”，会很大程度上减轻精神负担，并为以后建立一段健康的两性关系打下基础。

第一次迷恋上一个人、第一次谈恋爱都会给人留下非常真实且深刻的印象，我们中的很多人或许还能回忆起自己的那场“伟大的初恋”。因此，请认真对待你的女儿，更不要调侃她说“你真是太年轻了”。

假如我们的女儿开始有了感情生活，我们很可能会不高兴，觉得太早了，女儿一定会受伤。如果她的这个男朋友在我们看来是不合适的，而且现在就能预测他们并不能维持一段稳定的关系，这会使身为父母的我们更加担心和紧张。

如果女儿愿意和我们分享她的感情生活，那我们应该抱着开放的态度。我建议，不要只谈论（或教导），而是要认真地听她们说。这样的话你就能够更多地了解她们的世界，加强你们之间的信任，并向她们表示你的支持。有了稳定的沟通渠道，当她遇到紧急情况时就会第一时间来找你，尤其是当第一段感情破裂时，这会让你放心很多。只要她还住在你的屋檐下，并且知道有你作为后盾，当她面临感情破裂时，她就有勇气擦干眼泪、收拾残局。

但是，如何有效地进行关于性和爱的谈话呢？根据我的经验，进行多次小型聊天比进行一次大的谈话要好得多。第一，多数情况下，性这个话题并不是你们长时间停留的话题；第二，性这个话题无法根据计划按部就班地进行，最好是在某个情境之下自然地发生。比如当你和女儿一起看电影或者电视剧的时候，总会看到关于爱情、约会、男女之间的猫鼠游戏等场景，这个时候按下暂停键（这是多么伟大的发明啊！），解释一下你的想法，就会显得很自然。

当你看到了一些不切实际的东西，如一名年轻女性在第一次进行性行为的时候就达到了高潮，你可以直接指出这是多么荒谬。可能你会觉得她没有在认真听，但她一定听进去了。不论是有意识的还是无意识的，她在这个尴尬的时刻记住了有价值的信息，等到需要的时候，她们就能调出这些信息。

在避孕和性参与这些话题上，支持女孩是非常重要的。虽然很多人遇到的实际情况可能是被父母训斥："你要是怀孕了，就不要回家了。"但我们真正应该告诉女儿的是："我永远站在你这边，是你坚强的后盾。"

女孩们很容易陷入只能依靠自己的困境，在这样的困境下，她们能依靠的只有自己的思想、理智和力量。然而不幸的是，和我们那个时代一样，今天仍然有很多愚蠢的男人（见"他们的'谎言'"），他们依旧抱着来自20世纪的观点。他们对女性的性行为知之甚少，并认为它只是男性性行为的一种轻微变体。这些人基于一种莫名其妙的男性优越感，给他们自己带来了惊人的自信。这当然只针对一部分男性，而不是所有的男性。但我们必须清醒地意识到，一些错误的言论，以及与想要损害她们自信的人维持一段关系，会在女孩的潜意识里埋下有害的信念。你可能会不以为意，但我短视频社交平台（Tiktok）里出现的评论总会一次又一次地提醒我，这些看似无比过时的想法远比人们认为的要传播得更远、更广。缺乏自信的女孩们被超越、被排挤、被利用，所有的这些我都看得太多、经历得太多了。因此，我们一定要把目光聚焦在女孩们的真实世界里。

一方面是因为我的工作，另一方面是因为我和我的女儿及她的朋友们有着良好的关系，这让我对她们的世界有了更加深入的了解。相信我，很多事情与我们成长的世界已经相去甚远。为了变“酷”，女孩会随意地与人发生性关系，喝醉了和几个男孩一起厮混——这种故事我已经听过无数次，而遭遇过这些事情的往往是那些在家里找不到立足点，与父母一方或双方中断联系或者亲子关系分崩离析的女孩。我们会发现在这些故事中，在性方面“开放”的女孩并不是一个自信的女孩，而是一个拼命想要与某件事或某个人产生联系的女孩，同时她又害怕被他人孤立。

最后，让我们回到性自主权的这个话题上。让女孩了解性的自主决定权非常重要，这不仅可以成为她今后选择性行为的判断基准，也是对抗任何形式的性胁迫的最佳防御手段。不幸的是，在现实生活中，许多女孩在很小的时候就成为恋童癖的目标。作为父母，我们意识到外面潜伏着危险，并想采取适当的预防措施。很多时候我们采取的措施是对的，但有些事情却在不知不觉中做错了。

我曾犯过一个错误，就是和当时六年级的女儿展开了一场“着装争论赛”。某一天，她想穿上吊带和短裙去逛街，这当然会引发讨论。毕竟，你不希望女孩发出错误的信息，也不希望她在上学的路上被路过的男人戴着色情的眼镜盯着看。然而问题是，如果真的发生了什么事情，她们会被“教导”要为自己的穿着负责。这种逻辑本身是不对的。责任完全在于施暴者，而不在于世界上无数名穿着短裙、短裤的成年女性和女孩。

那么，我们要如何让女孩强大起来，让她在正确的时刻进行自卫呢？许多性骚扰都是突然袭击，施暴者会利用有利时机，并选择合适的受害者。为了让你的女儿对这种情况做好准备，我建议你不要试图赢得每一场争论，可以允许她表现出一些叛逆。这一开始听起来可能有点违背常理，尤其是当你想让她听你的，并尊重你的权威时。如果女孩任何形式的抵抗都会遭到禁止，她的意见和想法也从未或很少被人倾听，那么她很有可能会对任何形式的权威都产生不合理的尊重和恐惧。而施暴者往往是受人尊敬的人，或者是年纪较大的男性，因此哪怕是在她感到不舒服的情况下，她也更倾向于屈服，而不是抵抗。只有那些敢于反抗的女孩，才能够在出现这些情况时进行自卫。因此，下次当你的女儿对你大喊大叫、把门关上或者以某种方式反抗你的时候，你不必完全接受，但要记住：一点叛逆，如果使用得当，并不是世界上最糟糕的事情。只有你允许一个女孩表现出强大时，你才有可能养育出一个真正强大的女孩。

第8章

关于避孕

最后，女孩们，我们需要讨论一些关于怀孕的事情，尤其是如何避孕。许多女孩都会在短视频社交平台（Tiktok）上发私信咨询我这个问题。为了更好地理解这个话题，首先我们要知道生命是如何孕育出来的，以及什么样的行为不会让你怀孕。让我们先从后者开始。

什么样的行为不会让你怀孕？

- 和你的男朋友使用同一条毛巾
- 上厕所
- 蒸桑拿
- 游泳
- 泡澡
- 自慰

就这些，如此简单。接下来，让我们来看看相反情况。

精子和卵子的结合

只有当精子深入女性阴道，并且女性正处于排卵期时才会怀孕。那么精子是如何到达那里的呢？答案是，它们会“游泳”。一旦男性的生殖器进入女性体内并射精，精子就会像《速度与激情》里的赛车一样，以比赛模式从生殖器中快速地游出来。如果避孕套从生殖器上滑落，精子也会游动，像漏网之鱼一样逃脱。

当赢得比赛的精子遇到输卵管中的卵子时，就会发生妊娠。因此，这一精子必须先“环游世界”，当它到达输卵管时，有一个巨大的卵细胞可以与它结合。剩下的精子就只能等待死亡。

卵细胞每月从左侧或右侧的卵巢里排出一次，这个过程被称为排卵。有趣的是，卵子并没有直接落在输卵管里，而是在盆腔中“飞来飞去”，直到被输卵管的伞端抓住，送回到输卵管中，就好像输卵管和卵子在玩捉捕游戏一样。

到达输卵管后，卵子就在这里静静地等待它的爱慕者。如果爱慕者没有来——因为你没有进行性行为或者采取了正确的避孕措施——它就会随着下次月经一起被排出。但是，如果一个精子在比赛中获胜并使卵子受精，那又会怎么样呢？受精卵会穿过输卵管，轻轻地落在子宫里，然后开始生长发育。从精子与卵子成功结合到受精卵着床的过程大概需要 5 天，如果女性发现性行为后月经不来了，验孕棒显示阳性（两条杠）结果，这个时候，可能要面临一个严肃且棘手的问题。但在这之前，让我们来看看能做些什么，以确保事情不会发展到这个地步。

如果女性在心理上已经为性行为做好准备，或者已经有过性行为了，但认为只用避孕套太不安全了，因为大部分女性都不想过早地面对上面描述的场景。那还有哪些选择呢？

作为妇科医生，有一点我是非常肯定的：单单只用避孕套是不够安全的。当然，避孕套会拦截精子，理论上可以在每次性行为之后检查避孕套是否漏了，但是我不会冒这个险。因此，让我们深入了解一下丰富的避孕手段吧。

你会发现除了避孕套，还有各种包装的药丸，看起来像彩色夜光手环的阴道环，迷你的螺旋状节育环，还有像链条一样的节育器……是不是很困惑呢？

其实很简单。从避孕原理来说，我们可以把避孕方法分为两大类。

· 非激素避孕

· 激素避孕

非激素避孕

首先，在非激素避孕方法中，避孕套是最经典、最好用、最传统的避孕方式。避孕套有很多优点：它很方便，到处都可以买到，使用避孕套可以防止生殖器瘙痒、发炎，并预防性病。缺点是它不能百分之百地避免怀孕。很多时候，避孕套会在性行为中破裂或者卡在阴道里，让精子得以在那里自由游动。如果在使用它的时候涂上了含油的润滑剂，这也会损坏避孕套。如果有些人对避孕套中的乳胶成分过敏，也有不含乳胶的避孕套可供选择。

7 号谎言

是的，7 号谎言现在才来。

我不能使用避孕套，是因为……

在这里，有些男性又有了各种各样的借口：

- "我的阴茎太大了，没有合适尺寸的避孕套。"

——你把避孕套灌满水，然后你就会发现多大尺寸的东西都能进得去。

- "我对避孕套里的乳胶成分过敏。"

——那就用一个不含乳胶的吧。

♦ **“我想和你亲密无间。皮肤接触皮肤，才能让我们成为一个整体。”**

——这是一个特别恶毒的借口。他就是不想戴避孕套，因为这对他来说就像穿着袜子游泳，无论女性之后是怀孕了还是得了一种甚至多种性病，对他来说显然都是无所谓的。

只要你试想一下，不戴避孕套进行性行为会带来什么后果，那么你就很容易理解为什么避孕套是通向一段亲密关系的重要通行证，尤其是在这段关系刚开始的时候。如果谁拒绝使用避孕套，我只能对他说：“没有避孕套就没有性爱。”

非激素避孕方法还包括节育环。它是一种医用塑料做的螺丝圈，它的主体部分缠绕着一圈铜制的金属丝。这种金属螺丝圈会阻止精子前进，缠绕在主体部分的铜线也对精子有破坏作用，使精子无法与卵子相遇。

这种节育环的避孕率很高。它的优点是你只需把它放置进去，就可以进行有效的避孕，5 年之内你都不需要管它，但是 5 年之后你就需要更换它。它的缺点是要在没有麻醉的情况下放置进去，这很痛苦。虽说痛感大小取决于每个人的敏感程度和恐惧程度，但对于大多数人来说，痛感还是很明显的。

如果不是很有必要的话，我个人不建议，也不会给年轻女孩放置节育环，因为她们其中很多人对包括妇科医生、妇科检查、医用器械、妇科检查椅在内的一切还很陌生。节育环更适合于年龄较大并拥有子女或不愿生育的夫妇进行长期避孕。当然，也有一些年轻女孩因为个人体质原因不可以服用避孕药，那么当她们有避孕需求的时候，我才会破例给她们放置节育环。

这种节育环的另一个缺点是它会滑落甚至滑出体外，这就意味着即使装了节育环也会怀孕。或者受精卵因为“害怕”节育环而在输卵管里筑巢，但是妊娠根本不应该发生在输卵管里，这种情况叫作异位妊娠，俗称“宫外孕”，是非常危险的（具体内容请参见后文）。

除此之外，如果患有持续的感染症，那么也是不能放置节育环的，否则感染就会进入子宫，堵塞输卵管，对器官和健康带来严重的负面影响。不过这种情况很少发生，因为在放置节育环之前，必须进行全面的检查，除非某种感染没有被发现。

如果痛经严重，也不能使用铜线圈的节育环，因为它会导致痛经加剧，还会在经期之外造成腹痛。

关于节育环也有很多谣言。之前有一种说法，认为女性没有生过孩子的话，是不可以使用节育环的。这是没有科学依据的。没有生育史的年轻女孩也有可使用的节育环，具体可咨询妇科医生。

体外射精

有些狡猾的男性会试图说服女性同意在体外射精，这样什么事都不会发生。这又是一件令人反感的事情。当然不可能什么都不会发生。不管这个男性人品如何，这都是一个非常糟糕的举动，它真的会带来很多麻烦。

第一，所谓的“前精液”（也就是射精前的分泌物，或者用 20 世纪 80 年代的一个略显油腻的词来说，就是快乐分泌物）中含有一些“早产精子”。前精液喜欢在“速度与激情”比赛开始前出发，这样它们就可以离开阴茎的安全港湾，游进阴道。

第二，对于一个年轻男性来说，控制自己的关键时刻是一件很难的事情。

还有一些不太为人所知的非激素避孕方法，比如避孕帽，又称宫颈帽、阴道隔膜。它的形状和宽边帽差不多，在性生活开始前将它放入阴道即可，它会成为阻碍精子与卵子相遇的一道屏障。除此之外，最好还要搭配使用一种能杀死精子的杀精剂，并且还要计算出它的起效时间。这种方法很麻烦，也并不安全。

还有一种方法是避开排卵期法。除了利用生理期手机应用程序推算出排卵期，还可以结合使用排卵测试纸，以确定排卵的实际时间。此外，还有所谓的周期检测器，即每天测量体温的小型计算机，因为排卵时，体温会上升 0.5 ～ 1 ℃。

以上这些方法都是非激素避孕，前提是有一个相对稳定的月经周期，但即便是我这样月经周期已经非常稳定的女性，也依旧不会采取这些非激素避孕方法。因此，对于不想怀孕的女性来说，利用各种手机应用程序和周期检测器推算出排卵期，继而进行避孕是不合适的，因为一旦这种方法不奏效，发生了意外状况，那对她们来说简直就是世界末日。

什么是紧急异位妊娠？

当我 16 岁的时候，我第一次听到这种说法。一位朋友告诉我：受精卵可能会在你不知情的情况下于输卵管着床并发育，然后造成输卵管破裂，你会在没有任何预警的情况下当场死亡。

这当然是谣言。事实上，当受精卵着床于输卵管并开始生长发育后，由于输卵管和煮熟的意大利面差不多细，而且对疼痛很敏感，因此，发生这种情况时会感到非常痛。症状是妊娠测试呈阳性，下腹部单侧（左侧或右侧）疼痛严重，而且会越来越痛。如果是这种情况，应立即去医院就诊。

激素避孕

激素避孕药的作用原理是告诉大脑已暂时不需要卵巢产生的激素。让我们来回忆一下我们的飞天小女警们，当她们收到了来自大脑的信息，她们就会出现在卵巢里。然而，使用激素避孕药后大脑就不再发出信息，因为大脑已经对人工激素感到满足了。因此，卵巢不再工作，而是进入了睡眠状态，即卵巢不再产生卵子了。此外，宫颈中黏稠的液体会形成一个“小木塞”一样的东西，堵住宫颈口。

避孕药服用指南

如果是第一次服用避孕药，那么要从月经周期的第一天开始服用。每天在同一时间服用，不需要精确到分钟，但应该坚持在一天中的同一时间，如晚上刷完牙之后，一直坚持到吃完一盒。

一盒避孕药有 21 片，它们都是完全相同的，成分也相同。如果一盒吃完了，那么要暂停 7 天——这段时间会来月经，准确来说这不是真正的月经，而是激素撤退性出血现象。7 天之后再拿一盒新的避孕药继续服用。

关于避孕药的常见问题解答

疑问 1 服用避孕药多久后可以防止怀孕?

答案 制药公司说是 7 天后。但由于我是一个谨慎的人，所以我一直都建议有需要的女生至少在吃完第一盒药之前，都要同时使用避孕套避孕。

疑问 2 如果忘记吃避孕药了该怎么办?

答案 如果忘记服用避孕药了，那么有 12 小时的服药窗口期——在这段时间之内保护还是有效的。可以在早上服用昨晚被遗忘的药片，而在当天晚上再服用 1 片，也就是在这一天之内服用 2 片避孕药。如果超过了 12 小时，那么请在服用这一盒剩下的药片期间，同时使用避孕套来进行避孕。

疑问 3 忘记服药 3 天了，并且昨晚在没有使用避孕套的情况下进行了性行为，会怀孕吗?

答案 如果在服用避孕药期间疏忽了，并且没有采取任何保护措施，还很晚才发现，那么怀孕的概率就不小了，但也并不排除不会怀孕的情况。但如果月经迟迟不来，或许会让人焦虑万分，因此，可以先做一个早孕测试。在发生性行为之后一天就马上测试是没有用的，因为至少需要一周的时间，验孕试纸才会准确显示出阳性结果。

疑问 4 月经在停药的 7 天内没有来，或者流血量特别少，这是怎么回事啊？

答案 别着急。这可能是避孕药的不良反应，由于它的效果太好了，子宫里没有或者只聚集了少量的子宫内膜。

疑问 5 如果晚上服用了避孕药，几个小时之后开始呕吐，呕吐后是不是没有药效了呢？

答案 是的，很可能将它一起吐了出来。如果有严重的水样腹泻（不仅仅是软便），那么情况也是一样的。药片很有可能被冲走了，保护作用因此不像之前那么好。在这种情况下，请谨慎行事，在服用这一盒剩下的药片期间，同时使用避孕套来进行避孕。

如果吐出了药片（或者不确定），并且进行了性行为，那事后要再服用一片紧急避孕药。

安全是第一位的。

疑问6 长时间服用避孕药对身体有害吗？停药的时间是不是应该长一些？听说经常更换避孕药会比较好，否则以后可能生不了孩子。

答案 一直以来，人们对避孕药具有很大的误区，认为短效避孕药和长效、紧急避孕药都会对女性身体造成很大的伤害。事实上，大量临床研究显示，短效避孕药不会增加妇科疾病的患病风险，也不会影响使用者日后的受孕与生育。医生还会为女性开具短效避孕药用于调节月经周期和治疗痤疮。不过，避孕药可能会产生令人不愉快的不良反应，而且在极少数的情况下会出现紧急情况（我在后文会解释）。因此，如果对正在服用的避孕药耐受良好，不用让"这些都是坏激素"的想法令自己迷茫，也不需要更换避孕药或毫无理由地停药。

疑问7 停药几个月以后月经一直不来，是出什么问题了吗？

答案 冷静。卵巢可能要适应一下，才能再次加入和大脑的对话。它沉默了这么久，现在需要一点儿时间重新建立联系。一旦它们热身完毕，经期就会恢复正常。这种状态可能会持续6个月，但是它终究会来的。

替代避孕药的另一个有效方法就是使用含激素的阴道环，它由透明硅胶制成，可弯曲，看起来就像迷你版的夜光手环。

这种环上含有与避孕药相同功效的成分，它会慢慢释放到阴道黏膜上。在月经周期开始的时候（即月经周期的第 1 天）将阴道环放置到阴道里，并维持 3 个星期。过了这段时间后，再把阴道环取出来，扔掉，然后就有 1 周的空闲时间，在这段时间里会来月经，或者更确切地说，是激素撤退性出血。这种方式可以不用连续 3 周服用避孕药，身体会通过阴道环吸收激素。许多人认为，阴道环没有避孕药那么有损伤性，因为不用吞服而且它直接作用在阴道黏膜上。这种说法是没有科学依据的，它只是另一种避孕途径而已。打个比方，服用避孕药就好比通过快递公司 A 将激素由胃和肠道运输，使用阴道环就好比通过快递公司 B 将激素由阴道运输。不管是通过哪个途径，所有的激素都会进入血液循环并影响大脑。

月经周期开始的第 1 天就可以放入阴道环了。首先需要把它拧成“8”字形，然后像放入卫生棉条一样把它放进去。到达阴道后它会像橡皮筋一样变成环形。如果能感觉到它的存在，那就是没有完全放进去。如果想把它取出来，只需伸入一根手指，钩住它，然后拔出来。

阴道环的优点是不用每天想着它，无论是有肠胃问题，还是有时会感到反胃，都无关紧要。很多人因此喜欢使用阴道环，特别是当她们过着不规律的生活时。而有些人则不喜欢阴道环，因为她们不想把任何东西放入她们的阴道里，然后还要摸索着拿出来。

还有一种迷你避孕药。这里的迷你指的不是形状上变小了，而是它只含有一种激素成分，而不是两种。业内因此叫它单一避孕药（只含孕激素的避孕药）。其特点是每天都要服用，中间无须停药，并且要在同一时间服用，这一点很重要，否则会出现不规则出血和间歇性出血。这反过来又会导致避孕药的药效欠佳或者失效，也就是说，即使服用了避孕药还是有可能会怀孕。

如果开始服用迷你避孕药了，应该看看自己的月经什么时候来，以及会不会来。它有可能会很有规律地每个月来一次，也有可能不再来了。服用迷你避孕药后，在完全不来月经和有规律地来月经之间还会出现一些其他情况，如不规则出血、持续性出血。之所以会出现这些情况，是因为缺乏第二种激素，也就是雌激素，而它的任务就是保持月经周期的稳定。

避孕药的优点与缺点

激素避孕法有以下几个优点：正确使用的前提下，它们是非常安全的；服用激素类避孕药可以消除面部痤疮；还有一些避孕药能够减轻痛经症状，让每个月难熬的那几天变得轻松一些。

虽然避孕药的包装通常很吸引人，上面有粉色的花朵或酷炫的设计，但它绝不是你可以随便扔进嘴里的糖果，它是来自庞大制药行业的人工产品。它的目标是暂时击败卵巢，在身体里创造另一个世界，就像电影《黑客帝国》中那样。

我们来仔细看看身体里究竟发生了什么：大脑和避孕药，包括迷你避孕药，或含激素的阴道环等，正在对话，更确切地说是大脑和进入血液中的物质正在聊天，这些物质已经不是飞天小女警（身体自身分泌的激素）了，而是和它们相像的分子——可以理解为伪装成激素的“冒牌货”。然而大脑并没有发现，因此它不再发送信息到卵巢，卵巢不在这个“群聊”里，卵巢会进入休眠状态。

“冒牌激素”并不熟悉身体情况，与天然的激素不同，它们会在身体里做些其他的事情，以所谓不良反应的形式出现——不管是避孕药，还是含激素的阴道环，激素避孕法都会引起不良反应，在一些人体内多，在另一些人体内少。至于在你体内引起的不良反应是多还是少，这是不可预知的。

通常情况下，大部分不良反应都比较轻微，比如胸胀、恶心和不规则出血。然而，也有一些严重的不良反应，如头痛、情绪波动、脱发、痤疮增多、性欲减少、脸部色素沉着、暴饮暴食导致体重增加等。极为少见的情况下也会出现一些危险的不良反应：加重原本就有的抑郁倾向，甚至让人产生自杀念头。

还有一种令人恐惧的不良反应，就是形成血栓。这意味着血液在静脉中凝结并堵塞了大静脉。它的危险之处在于栓塞会分离出碎片并附着在肺里，让人无法呼吸，肺部会处于危险之中，这是致命的。值得庆幸的是，这种情况极其罕见，并且通常只发生在有遗传性凝血功能障碍的人身上。因此，当医生询问你家里有谁得过血栓或者肺栓塞时，如实回答是非常重要的。如果有家族病病史，你就需要做一个专业的血液检查，以排除是否有这方面的风险。

紧急避孕药

当遇到以下情况时，需要服用紧急避孕药。

- 避孕套破了
- 在没有任何保护措施的情况下发生了性关系
- 忘记服用避孕药超过 12 小时
- 忘了 7 天停药期之后要再次开始服药

这种紧急避孕药会将排卵期推迟 5 天左右，这样精子就会找不到卵子而中途死去。

必须在性行为后尽可能快地服用紧急避孕药，以此阻止排卵。紧急避孕药并不是堕胎药，在服用后可能不会有什么感觉，因为它的不良反应很小。唯一会发生的不良反应就是将月经推迟 5 天左右。因此，如果月经没有准时来，也不要惊慌。紧急避孕药只能在卵子还没有排出的情况下推迟排卵，这也是为什么很多人会感到恐慌的原因。

理论上可以在一个月经周期内多次服用紧急避孕药，但是这会让不良反应增加，因此不是一个长期的解决方案。在这种情况下，需要获取进一步的指导，转而使用更常规的避孕方法。如果因为忘记吃避孕药而服用了紧急避孕药，那么一定要继续服用避孕药，并且在此期间使用避孕套避孕。

我们必须非常谨慎，因为紧急避孕药并不是百分之百有效的。

女孩聊天室

朋友： 弗里达？

弗里达： 在。

朋友： 我拉肚子了。

弗里达： 你能不能不要这么直接？咋了？你需要我做什么？

朋友： 这会影响避孕药的药效吗？它会不会被排出去了？

弗里达： 安全起见，再吃一片吧。

朋友： 如果我呕吐，怎么办呢？我还要再吃一片吗？

弗里达： 或许你要等到明天，等你的胃恢复了。

朋友：如果我吃了另外一种药，它会和避孕药发生奇怪的反应吗？

弗里达：你吃了什么药？

朋友：苯海拉明。

弗里达：应该没有问题吧。

朋友：你确定吗？

弗里达：是的。不过为了确保安全，你这个月需要双重避孕。

妈妈密语

作为女孩的妈妈，我们最不希望发生的事情就是过早地成为外祖母。因此，当女儿公开谈论避孕这个话题时，我们中的许多人会感到很不高兴。我知道你可能完全没有心理准备，但请尽量不要表现得过于震惊，至少不要长时间震惊。她需要你的帮助，这是建立亲密的母女关系的关键时刻。主动带她去咨询妇科医生，或者让她告诉你她正在服用什么药物，并解释她的服用计划。此时，我们应该把自己服用避孕药或避孕的经历抛在脑后，因为每个人的身体都是不同的，需要不同的解决方案。大部分父母其实对避孕药了解甚少，这一点我可以理解，只是作为妇科医生，我要告诉大家的是，除了避孕药，我们几乎没有其他可靠的选择了。也不要尝试劝说女儿放弃避孕药。如果她知道通过服用避孕药来避孕，你应该为她具有这样的意识而感到高兴。只要她愿意，她可以服用避孕药十几年，她的生育能力也不会因此受到影响。但是请密切关注长期服用药物是否引发了不良反应，比如抑郁，它可能是由避孕药引起的，也有可能是之前已经存在，但服用的避孕药使其恶化了，尤其在服用避孕药的头几个月内需要重点关注这个情况。

不管是从我个人角度，还是从专业角度来看，服用避孕药都是最好的避孕手段。避孕套不够可靠，而节育环对年轻人身体的干扰太大，我不建议将节育环放入年轻女孩体内，她们中很多人的疼痛阈值很低，甚至对妇科检查椅和医用器械都是非常陌生的，我不想给她们带来精神上的负担。通过周期监测推算排卵期的方法也不适合年轻女孩。然而，在给她们开避孕药之前，有必要了解她们的家族病病史，如家里是否有人，尤其是妈妈家的女性，患有深静脉血栓形成、脑卒中或心肌梗死等疾病，如果有，则需要为女孩检查她是否存在明显的凝血障碍。事实上，这种情况比你想象得更常见。不过，如果是静脉曲张、浅静脉炎，或者卧床不起的亲属在老年时出现血栓或脑卒中，则风险不大。

在避孕这个话题上，我们作为妈妈要做的不是深感震惊或者给出惊恐的反应，而是要接受女儿本来的样子，站在她的立场上为她考虑。否则，极有可能会发生你不希望发生的事情。

性行为是在女性成长路上大概率都会发生的事情，只不过她可能不愿意和你聊而已。但是她在生活中的某个时刻总要独自面对这件事，或许她会使用避孕套进行避孕，或许会对不小心破掉的避孕套手足无措，或许需要服用紧急避孕药，又或者她向朋友借来避孕药，然后偷偷吃一个月或者两个月，这在很多层面上来讲都是不可取的。

因此面对避孕问题，母女间的沟通非常重要。妈妈和女儿应该尽早对避孕问题进行有意义且有针对性的对话。不要试图去监管你的女儿，否则她很可能会再也不想和你沟通了。

每个女孩都想被认真对待，因此妈妈要认真对待女儿对于性和避孕方面的好奇心，也有义务让女儿知道什么样的性行为才是真正有爱的、负责任的、被认真对待的性行为。

结束语

致所有闪闪发光的女孩

现在，我们来到了尾声。我们谈了如此多的话题：激素、月经、胸部发育、男人、避孕方法等。我讲这一切是因为我希望你变得更强大，更好地了解自己，并且爱自己。我还希望你的父母能够更好地理解你，让你的生活变得轻松一些。

女孩的成长道路或许不那么容易。即使很多年之后我们回过头来看会觉得其实没什么，但当下你所感受到的紧张、焦虑、痛苦都是真实的。在走向成熟的路上会发生如此多的事情，并且发生得如此之快。你可能正在经历人生中最为动荡、最激烈的情绪波动，第一次喜欢上一个人，第一个男朋友，第一个闺密——你永远都不会忘记这些，一辈子都不会忘记。

我知道，现在的你、你的大脑和你的生活都面临着巨大的挑战：你的身体想要尽可能快地发生变化，你的大脑却没有跟上节奏，因为它的部分功能还没“上线”。你需要在很短的时间内让学习步入正轨，因为每个人都告诉你，如果现在的你不努力学习，将来你就会找不到工作，这让你压力很大。你的大脑和身体都在干扰你，你无法按照要求很快地完成每一项任务。你的手机就是你的整个世界，距离所有的朋友都只有一个手机应用程序的距离。如果你的消息被别人忽视了，你发的内容没有人点赞，那会给你带来很大的打击。生活带给你的压力很大。这一切都不容易。

但是我想对你说，谢谢你认真读完这本书。谢谢你让我觉得你也坐在我家的厨房里，和弗里达及她的朋友们一起无休止地向我提问。同时，你也应该谢谢你自己，谢谢你坚持做自己。你用内心的火花点燃你生活的火焰。哪怕生活不是那么完美，哪怕遇到了挫折，你可以跌倒了再爬起来。

做你自己，尽情闪耀吧！

写给妈妈的话

我思考了很长时间，如何在最后为你们做一个总结，总结我从研究学习中、在诊所里，以及在写这本书期间所学到的东西。

过去我们被灌输了一些错误的观念，是时候重新思考“可怕的青春期”这个话题了，因为只是觉得它可怕并不能改变什么。青春期不一定是可怕的，也不应该是可怕的。青春期不应该成为母女间的战争，也不应该成为一个我们需要去“克服”的阶段。在这个特殊的成长阶段，我们要带着欣赏的眼光去发现我们的女儿是一个在不断成长的人，一个有着丰富情感的人，一个要在短时间内完成许多任务的人。而身为妈妈，你应该将这个阶段出现的危机视为难得的机会利用起来，使其成为你们之间一种独有的、宝贵的联系，你的女儿会在之后的几年内，甚至一生中将这种联系铭记在心。

我们经常犯一种错误，比如将十几岁女儿经历的“动荡时期”归咎于自己在过去 10 ～ 15 年的教育上做出的每一个错误决定。当出现问题时，你会在脑袋里快速地进行自我谴责，怀疑自己不够严厉，或者太严厉了，和老公分开可能伤害到了她，要是没给她手机就好了，伤害已经造成了，一切都太迟了，没有回头路可走了，只能睁一只眼闭一只眼了……这些都是错误的！首先，你不要对自己如此苛刻，不要胡思乱想；其次，你的女儿必须经历这个阶段；再次，即使你们现在的沟通出现了问题，你也要知道，再糟糕的关系也是可以修复的；最后，不要消极地等待这段时间结束，和你的女孩一起享受这趟奇妙之旅吧。一切皆有可能。

那么，你必须了解什么，做些什么，才能珍视这段时光，并更好地陪伴女儿走过这段时光呢？我总结了如下 10 个要点，供大家参考。

孩子生来是什么样就是什么样

我始终认为孩子天生就具备了一些明显只属于自己的基本特征。如果你真正理解这一点，你就会知道，一个女孩的行为不当，这并不完全是错误教育的结果。更不能因为她行为不当，就认定她是一个糟糕的人。她只是一个年轻人，只是做了错误的决定。这可能会让你生气，让你失望，甚至还会让你很受伤，但是请记住下面的要点。

你的女儿会胡闹，也应该胡闹，胡闹是很重要的

只有犯错误，进行多次尝试，经历几次失败后，她才会知道自己的能力极限在哪里。是的，如果她在 15 岁喝杯伏特加喝到呕吐，或者 16 岁时逃课、留级，那么你最担心的事情可能会成真。然而，一个表现良好、适应能力强的少女可能更容易相处，但在寻找自我、认同自我上可能会遇到更大的问题，因为她只会根据别人的需求来定义自己，而不是根据自己的需求。如果你对她干预过多，监督她的每一个行为，总是帮助她摆脱每一个困境，只会让她觉得你不信任她。她需要知道，她必须靠自己摆脱困境，而且你相信她可以做到。

你的孩子只是在 18 岁之前被“借”给了你。你的工作是让他们在这个世界上变强大——这也意味着当他们犯错时，你要学会袖手旁观

我知道，这对妈妈来说太难了。因为你明知道孩子应该多学习，应该早点上床睡觉，不应该把零花钱花在“无用”的事情上，但这些事情只有让孩子自己经历了不好好做的痛苦后果之后，才会有效果。学校经常告诉家长应该监督孩子的成绩和作业，并且微观管理一切。这只会导致家长承受更多的内疚和羞耻感，因为大多数人都无法扮演好“辅导者”的角色。事无巨细的微观管理也是无效的，孩子没有学到更多或更好的东西，相反，不间断地监控传递给孩子的潜台词是——你根本不信任她。但是你的女儿其实想要知道你信任她，她可以犯错，她可以完成挑战。她需要知道，她已经足够好了，即使她搞砸了一次考试，或者做了一件愚蠢的事情。你不需要认可一切，但至少要对她的动机和价值感表露出兴趣。这就引出了下一个要点。

与孩子保持沟通——只有当你真正对他们的世界感兴趣时，沟通才能得以进行

只有当你坚持与女儿沟通，维系好与女儿之间的联系，才有可能保持对女儿的影响力。但如果只是假装出来的感兴趣，她立刻就能察觉到。

当你进入女儿的世界时，必须准备好接受她向你展示的所有东西。很多东西可能不适合你，但无论如何都要保持开放的态度，让她向你展示和解释所有的一切。问一些开放式问题，如果可能的话，尽量保留你的看法，否则她很可能会开始对你隐瞒她的真实生活。她应该拥有一些自己的小秘密，但在重要的事项上，你还是需要有所了解，比如性和酒精。只有当她信任你，并且知道她做的事情即使与你的想法不符，也不会受到严厉训斥时，这才有可能实现。

如果你查看孩子手机，会看到一些你不愿意看到的东西

如果这种情况没有出现，那很可能是她巧妙地把这些东西藏了起来。比如，你的女儿今年 15 岁，她既不是很狂野，也不是很乖巧，并且有一个平淡无奇的社交账号，在这上面你能看到关于她生活的一切，那么她很有可能还有第二个秘密账号，里面有着你不能看的内容。

是的，我就有过这样的经历。你可能会看到一些令人震惊的内容——酒精、暴力、色情。靠我自己的话，我永远都不会找到这个账号——我的一个实习生，她精通于此，教给了我一个技巧才让我打开了“新世界的大门”。当你监视你的女儿时，你会看到你不想看到的东西。这会带来两个问题：第一，你滥用了她的信任，并且在没有得到允许的情况下闯入了她的私人领域（就算这背后是出于好意）。现在你只能什么都不做，不能让她知道你知道了什么（或者认为你知道了什么），不能泄露你偷窥者的身份。否则她将不再信任你，这会导致通往她内心世界的大门永远对你关闭，或者向你展示一个虚假的世界。第二，你开始思考，感到失望、受伤，女儿在你心目中的形象也会发生改变，你会把她视为不诚实、虚伪的人。

你要知道，她只是在尝试各种新东西，但本质上她仍然善良、令人惊叹，是个很棒的女孩。以前你能够偷偷做的事情——

在课桌底下传递小纸条，在课桌里藏言情小说，在地下室点燃一支香烟——到了今天，都被孩子们用手机记录了下来。这些并不是你教育失败的结果，这只是她成长路上的一个阶段而已。很多以前你能够偷偷发现并尝试做的事情，现在被公开地展示在社交媒体上，并且常常被进一步夸大。

也许你的女儿和你希望的不一样，但你还是要和她愉快地相处

在养育青少年时，你必须时刻关注“自我”这个概念。如果你的孩子侮辱你、不尊重你或者没有按照你的意愿行事，你就很容易受伤，觉得自己被“冒犯”了。这时，一种冲动可能会涌上你的心头，让你想用带有威胁性质的惩罚措施来促使孩子成为你希望的样子。但是这只会导致你们之间持续发生冲突，或者孩子在你面前隐藏真正的自我而假装乖巧。这样没有任何好处。你的女儿只会在表面上附和你，然后偷偷地继续寻找和尝试她的自我，或者当你不在她身边时过着完全不同的生活。你们之间的裂痕会在不知不觉中扩大。

你当然不必在孩子面前表现得谨小慎微，这是肯定的。孩子需要知道自己的位置及到底谁才是成年人。首先你要带着真正的兴趣接受你女儿向你展示的东西，并站在她这边。可能是糟糕的成绩、粉色的头发、吵闹的说唱，或者她的兴趣点是可怕的长亚克力指甲，而不是好的成绩、小提琴课或课外阅读。然后你还要听一下她喜欢的音乐。我都不记得我和我的女儿在车里听了多少次她的歌单（声音很大），并且一起哼唱。

和女儿共度一段高质量的时光是非常值得的。即使她从来没有承认过，从来没有说出来过，但这对她也是非常重要的。你的女儿需要你的支持，也希望你出现在她的世界里，即使她有时候会说反话，甚至可能用行为来激怒你。她想和你一起分享她新的自我。她需要的是你的认可，而不是拒绝和否定。

不要道德说教，认真听她说

你所拥有的最有价值的教育工具就是你们之间的良好关系，必须从“妈妈和儿童”的角色关系中脱离，并转变成“妈妈和青少年”的模式。这个转变就是你要放手并接受你的孩子。你的女儿不再是那个有着圆圆的苹果脸颊、背着书包的可爱小孩儿，而是一头长着粉刺、有着大脚的“犟驴”，她有一张在晚上 11 点多还会“发光”的脸，因为她仍然在床上刷手机，这让你非常生气。现在，你不再是那个拥有所有答案的“超人妈妈”，而是即将成为一个不了解或不接受这个年轻女孩的人，稍不注意，你就会变成她的敌人。你的女儿想要和你好好相处，想要和你保持良好的关系。因此，请抱着开放的态度，真正满怀兴趣地、专心地听她倾诉。在她的内心深处，她想要被接受、被爱，尽管她可能考试考砸了，她有染头发和穿耳洞的奇怪朋友。接受她，并不是说纵容她所有的不当行为。这也不是一个好的养育方式，你应该观察并接受孩子当下的状态，同时希望她能让你进入她的世界。只有这样，你才能拥有对她的影响力；只有这样，才能使她免遭危险和伤害；也只有这样，你所坚持的价值观和养育方式才能在关键时刻起到决定性的作用。

当她状态不好时，提一个重要的问题

你想要认真倾听，但是刚好她状态不好，比如她在哭，或者有点抑郁，你该怎么办？这里有一个非常重要的问题可以问她："我怎么做可以帮到你呢？"

她可能处在急性发作期，不会给出答案。但是她会知道，她的情绪状态、她开心与否对你来说是很重要的，以及她是可以向你寻求帮助的。这会让她平静下来，并给她一种她不是一个人在苦苦挣扎的安全感。即使她从来不会说些什么，即使她事后也不会感谢你，但是一颗安全感的小种子已经悄然播下。

做不被情绪牵着鼻子走，不恐吓孩子的妈妈

现在的妈妈都非常了不起，把自我和自己的需求抛在脑后，并时刻意识到自己的情绪；当被各种生活琐事折磨时，尽量不在情绪上做出反应。做妈妈的知道，女儿愤怒地扔来的话语（“我恨你！”）是一种悲伤和痛苦的表达。女儿的这种情绪需要被看到，而不是被当作无礼的行为以耳光或软禁来加以惩罚。

如果你在教育中被愤怒和受伤引导，那错误就很容易发生：你感到内疚，并开始自责，随后对着孩子大喊大叫，随意发脾气。似乎一切都在提醒你——身为妈妈，你很失败。你担心孩子的未来，想象最坏的情况，但这样的做法最终帮不了任何人。你试图将自己的理想强加给孩子，因为不这样做你会谴责自己或者认为别人会谴责你。你开始对孩子进行微观管理，因为学校给你安排了任务，你必须遵守学校的规定；如果孩子把糟糕的成绩单带回家，那原因也在于你。

天哪，我们竟然会仅仅因为别人的想法而如此内疚。我在德国读书时成绩平平，校长当面告诉我，我应该退学。正如你现在所看到的，他错了。要知道，老师们也经常犯错，尤其是当他们想让你觉得自己的孩子在学习上离堕落不远的时候。现在你根本不需要去想象自己孩子的未来会有多糟糕，这只会给你和孩子带来不必要的压力。所有这些担忧和不确定性普遍存

在于家长心中，但它们其实都是由焦虑驱动的。它们往往只会是你在冲动之下做出错误的决定，给亲子关系带来更大压力，而且还会损伤感情。

通过恐吓达到教育的目的会招致强烈的反抗，包括冲突、摔门、心碎。最坏的情况是女儿不再信任你，甚至把你视为敌人——这是身为妈妈最不希望看到的。由沉默和受伤的感情造成的裂痕最终会导致不诚实，女儿会偷偷地过你无法控制的“第二人生”。相反，采用一些温和的方式，让女儿感受到自己的存在，让她们有犯错的自由，与她们建立起良好的信任关系，愿意接受她们的一切，不论好坏，这样的妈妈才能为女孩的成长奠定坚实的基础。记住，你是泳池的边缘，可以让女儿停下来呼吸一些新鲜空气。如果成功了，你就实现了最重要的事情：爱女儿，不需要恐吓，不用内疚，她们在面对外面的世界时可以变得更强大。

聪明的妈妈知道什么时候该闭嘴

这句话很好地概括了我想说的。作为妈妈，我们往往会说教、大喊、抱怨，所有这些的初衷都是想让倾听者将我们的话真正听进去。然而，通常情况下，青少年们会表现得漠不关心，然后我们就会试图说得更多。

有关统计表明，如果在正确的时间和背景下说话，只说25%就足够了。倾听往往比说话更重要。然而，你的女儿想从你这儿听到的话，你却从未说出来过。她需要听到你爱她，你为她感到骄傲，虽然她会犯错，但她现在的样子依然很棒。她必须知道你相信她的决定，你支持她，无论她做错了什么，她都能在你这儿找到归属感。在你的女儿面临新挑战时，请告诉她，你相信她一定会完成这件事情，并迎接下一个挑战。

我最喜欢的一句话出自教育学专家韦恩·戴尔博士，他说："当你改变看待事物的方式时，你的所见也发生了改变。"换句话说，如果你不再将你的女儿看作是问题和麻烦，而看成还没有找到成功方法的脆弱小孩，并且开始看到她真正的样子：一个有趣的、强大的、有天赋的及拥有巨大潜能的存在，那么她可能真的就会在你的眼前变成那样的人。是的，她会拥有强大的意志力，这是她在面对外部世界时所必须具备的。是的，她在学校只做最必要的事情——思考如何省力地学习，并质疑对她来说毫无意义的事情。她不会随波逐流，而世界恰恰是被这样的人所改变。

最后，感谢你一直读到最后，你已经做得很好了。你的女儿是一个奇迹，她很棒，她是如此与众不同，而且她或多或少会有点像你。相信她，也相信你自己。你们一定会顺利度过这段时期！

参考文献

[1] Lisa Damour und Christina Jacobs, *Wenn Töchter erwachsen werden: Was Mädchen in der Pubertät brauchen*, München 2016.

[2] Dr. John Duffy, *Parenting the New Teen in the Age of Anxiety: A Complete Guide to Your Child's Stressed, Depressed, Expanded, Amazing Adolescence*, Miami 2019.

[3] Dr. John Duffy, *The Available Parent: Expert Advice for Raising Successful, Resilient, and Connected Teens and Tweens*, New York 2014.

[4] Dr. med. Frances E. Jensen, Amy Ellis Nutt, u. a., *Teenager-Hirn: Was in der Pubertät im Kopf Ihres Kindes los ist-Survival-Guide für geplagte Eltern*, München 2016.

记录下
只属于妈妈和女儿的“小秘密”

秘密日记

The Secrets

陪女儿走过青春期，
养育闪闪发光的女孩，
重养一次自己！

快读慢活

这本秘密日记的
使用说明

你的女儿将在青春期经受身体和情绪上的强烈变化，这是一段惊心动魄的航海之旅，你们会在这段旅程中成为坚定的盟友，成为并肩探索人生的伙伴。你的女儿是一个奇迹，她很棒，她是如此闪耀，和你一样！

这本秘密日记里收录了母女在女孩青春期会共同经历的值得纪念的“事件”：

- 第 1 次来月经（初潮）
- 第 1 次买胸罩
- 第 1 次做美甲
- 第 1 次做头发
- 第 1 次一起逛街
- 第 1 次吵架
- 第 1 次谈到喜欢的男孩
- 第 1 次一起旅行

……

请大家结合《闪耀如你》这本书，在这本日记里记录下只属于妈妈和女儿的“小秘密”，共度青春期这段意义非凡的时光吧！可以在日记的空白处贴上照片，留下珍贵的视觉回忆！

第1次

来月经（初潮）

开始:____月____日　结束:____月____日

月经　（ ▢量大　▢中等　▢量少　▢痛经 ）

情绪　（ ▢正常　▢兴奋　▢低落　▢悲伤 ）

初潮小 Tips：

✧ 没必要为月经来潮感到羞耻与恐慌!

✧ 体育课时请勇敢请假。

✧ 包中时刻准备好经期用品。

✧ 一定要注意手部卫生。

✧ 夏天带一件长袖上衣。

✧ 情绪不稳定是正常的。

✧ 之后的每个月做好月经记录。

Memo

第 1 次

买 胸 罩

日期:＿＿月＿＿日 地点:＿＿＿＿

上胸围：＿＿＿＿＿cm 下胸围：＿＿＿＿＿cm

罩杯 （☐ A ☐ B ☐ C ☐ D ☐ E ☐ F）

关于胸部的小 Tips：

- ✧ 所有的乳房都值得被爱！
- ✧ 两侧乳房大小不同很正常。
- ✧ 第一次最好去实体内衣店购买胸罩。
- ✧ 如果能扣上胸罩中间一排的搭扣，就是合适的。
- ✧ 最好每 6 ～ 12 个月重新测量一次尺寸。
- ✧ 运动的时候一定要穿运动内衣。

Memo

第1次

做 美 甲

日期:____月____日 地点:________

款式 （ □纯色 □法式 □猫眼 □彩绘 □跳色 ）

甲形 （ □椭圆 □方圆 □圆形 □方形 □尖形 ）

其他：________________________________

做美甲的小 Tips：

✧ 第一次最好去妈妈熟悉的美甲店。

✧ 去之前可以先在网上选好款式。

✧ 不要让店员把指甲磨得太薄。

✧ 颜色可以多试几个再决定。

✧ 敢于和店员及时沟通你的想法。

Memo

第 1 次

做头发

日期:____月____日 地点:________

发型 （ ▢短发 ▢长发 ▢卷发 ▢直发 ）

其他：________________________

做头发的小 Tips：

- ✧ 母女同款发型是个不错的选择！
- ✧ 妈妈帮女儿卷一次头发，或者女儿给妈妈拉直一下也是不错的体验！
- ✧ 使用直发棒或卷发棒的时候，注意不要烫到发根。
- ✧ 选择一款你们都喜欢的护发产品，一起做个头发 spa 吧！

Memo

第1次

一 起 逛 街

日期:______月______日 地点:__________

战利品

我们吃了

Memo

第1次

吵 架

日期:____月____日 地点:________

吵架原因

和好吧

说不出口的话，不妨写在这里

Memo

第1次

谈到喜欢的男孩

日期:____月____日 地点:________

女儿说

妈妈说

Memo

第1次

一起旅行 ①

开始:____月____日 结束:____月____日

目的地：________________________________

交通 （ □火车 □飞机 □大巴 □自驾 ）

住宿 （ □酒店 □民宿 □露营 ）

旅行计划

第1次

一起旅行 ②

票根留存处

第1次

一起旅行 ③

难忘的事

日记

母女可以在这里记录下只属于
你们的快乐时光

日　记

日期：　　　月　　　日　　心情：

日 记

日期：　　　　月　　　　日　　　心情：

日 记

日期：　　月　　日　　心情：

日　记

日期：＿＿＿＿月＿＿＿＿日　　心情：＿＿＿＿＿＿＿＿

日　记

日期：________月________日　　心情：____________

日　记

日期：＿＿＿月＿＿＿日　　心情：＿＿＿＿＿＿

日 记

日期：______月______日　　心情：______

日　记

日期：　　　月　　　日　　　心情：

日 记

日期：　　　月　　　日　　心情：

日　记

日期：________月________日　　心情：________________

日　记

日期：　　　　月　　　　日　　　　心情：

日　记

日期：　　　月　　　日　　　心情：

日 记

日期：______月______日　　心情：______________

日 记

日期：　　　月　　　日　　　心情：

日　记

日期：＿＿＿＿月＿＿＿＿日　　心情：＿＿＿＿＿＿＿＿

快读慢活

陪 伴 女 性 终 身 成 长